INTRODUÇÃO

Apresentação para a edição brasileira

A palavra "política" não deve ser usada de forma leviana. No nosso cenário midiático, cada vez mais polarizado, muitas pessoas dizem ter liberdade para serem apolíticas ou para ficarem de fora da política, como se existisse uma terra mágica para onde fosse possível fugir, sem sofrer o peso da opressão e da violência. Seria ótimo, mas infelizmente não existe um lugar assim.

Em muitos países, empregos na área de design gráfico pagam pouco ou nem sequer estão disponíveis. Muitos designers têm como única alternativa trabalhar com publicidade, e nisso acabam numa posição esquisita, entre seus ideais e a necessidade de sobreviver. Quem se envolve com ativismo no design muitas vezes trabalha em estúdios comerciais durante o dia e cria memes e imagens ativistas à noite. Não se trata de um caso de esquizofrenia, como se o designer se dividisse entre uma personalidade política e outra apolítica, mas sim de uma tática de sobrevivência para manter a saúde física e mental. Não dá para separar o design da vida pessoal, da mesma maneira como não dá para separar o design da política.

Este livro tem o título de *Políticas do design*, mas não é sobre designers engajados com ativismo. Parar de usar imagens racistas ou machistas e parar de tratar o modernismo da Europa ocidental como uma linguagem visual neutra não é ativismo. São passos necessários rumo a uma prática mais responsável e a uma sociedade mais ética. Afinal, não se trata apenas do design que criamos, mas também das decisões a respeito do que comemos, do que dizemos, do que consumimos e de como tratamos nossos colegas humanos. É isso, na verdade, que molda a realidade política que habitamos.

nsterdã, 2019.

VOCÊ É UMA PESSOA PRIVILEGIADA. Apenas por saber ler você já está entre 86% da população mundial que é alfabetizada.[1] O valor que pagou por este livro, apenas 15% das pessoas consegue pagar.[2] Se está lendo a versão eletrônica, você está entre 40% das pessoas que têm acesso à internet.[3] E se o assunto te interessou, isso significa que você provavelmente tem educação superior, algo para poucos privilegiados.

Como você pode ver, este livro não é assim tão global. As regiões urbanas do hemisfério Norte dominaram as mídias, que, no entanto, têm alcance mundial. É por isso que as pessoas que atuam nelas precisam se tornar mais inclusivas e mais cientes de suas responsabilidades políticas. Talvez assim este livro ainda possa ser útil num "contexto não tão global", afinal de contas.

Este livro não é sobre design de propaganda política ou de partidos, mas reconhece que todo design é político. Todo design "serve ou subverte o *status quo*", como argumenta Tony Fry.[4]

Um projeto não pode ser desconectado dos valores e dos conceitos que o originaram, das ideologias por trás dele. De início, pode ser difícil enxergar a relação entre comunicação visual e ideologia, afinal tudo ao nosso redor tem ideologia, ela já está naturalizada.[5]

Reconhecer que a comunicação não é neutra põe tudo em perspectiva e nos ajuda a entender por que a comunicação fracassa com tanta frequência: ela depende da bagagem cultural de cada um. Este livro examina essa questão por meio de exemplos visuais e de ideias tiradas da antropologia, da psicologia, da ciência da comunicação e dos estudos culturais. Ele foi escrito para leitores com interesse em comunicação e cultura visual.

O impacto da comunicação visual cresceu exponencialmente. Há algumas décadas, ela se restringia a cidades ou países. Hoje, na nossa sociedade em rede, as mensagens se infiltram umas nas outras, do Tumblr ao Facebook. Isso permite o encontro e a socialização de pessoas do mundo todo, mas também gera problemas de comunicação e conflitos. Algo que foi feito para ser engraçado pode, no mesmo dia, provocar protestos violentos em outra parte do mundo.

A comunicação foi e é um processo volátil, dado que é impossível evitar erros de interpretação. Na raiz dos mal-entendidos está a suposição de que qualquer pessoa nos compreende porque nos comunicamos de forma "universal" ou "objetiva". Suposições de objetividade e universalidade no design estão intimamente ligadas aos princípios do design modernista ensinados no Ocidente. Este livro busca contestar isso.

Sou um autor privilegiado. Nasci na Holanda, um país no qual a cultura do design é financiada pelo Estado. Durante meus quinze anos atuando na área, trabalhei com publicidade, para governos, em instituições culturais e com ativismo político. Aprendi que há muitas formas de comunicação visual, e nenhuma delas é desprovida de ideologia.

Quando trabalhei em outros países, fiz muitas das suposições equivocadas que exponho aqui. Para evitar que outros cometam os mesmos erros, compartilho a análise de tais experiências.

Sou europeu, minha visão de mundo não é neutra. Foi por isto que pedi a ajuda de outras pessoas: para corrigir ao máximo meus pontos cegos e para que me fizessem as perguntas mais difíceis. Este não é um livro neutro; no melhor dos casos, oferece uma variedade de perspectivas sobre uma vasta gama de assuntos. Por isso, comentários de leitores e leitoras também são bem-vindos.

Este livro é organizado de acordo com os elementos formais do design gráfico: linguagem e tipografia, cor e contraste, imagem e fotografia, símbolos e ícones e infografismo. Os exemplos apresentados a seguir são apenas o começo. O espaço é limitado e desproporcional ao tamanho dos desafios enfrentados na comunicação visual.

Portanto, conto com sua ajuda. Se você tiver um exemplo que possa ser incluído neste livro, compartilhe suas ideias, textos ou imagens no site thepoliticsofdesign.com. Essa coleção é um arquivo on-line em constante crescimento, acessível a todos, com o objetivo de ser um ponto de referência para designers e especialistas em comunicação e um lembrete das responsabilidades que enfrentamos hoje.

Ruben Pater, Amsterdã, 2017.

QUEM FEZ

Os vários autores deste livro

Texto & design original
Ruben Pater

Assistente
Asja Keeman

Conselheiros
Amal Alhaag
Marjanne van Helvert
Yazan Al-Khalili

Editores
Bionda Dias
Rudolf van Wezel

Colaboradores
AIGA
Asja Keeman
Merel van der Woude
Michael Thorsby
Missla Libsekal
Pascal Zoghbi
Yin Aiwen
Yuri Veerman

Artistas & designers
29LT
Adam Broomberg
Adam Harvey
Bureau d'Etudes
Butterfly Works
Jan Hoek
Jan Rothuizen
Jeongmee Yoon
Karl Grandin
Martijn Engelbregt
Michael Thorsby
Oliver Chanarin
Ryan Hunter
Slavs and Tatars
Taige Jensen
Tyler Vigen
Yazan Al-Khalili
Yuri Veerman

Agradecimentos
A Parede
Anne Bush
Anne Miltenburg
Jan Albert Gratama
Marc Roig Blesa
Marjanne van Helvert
Peter Bil'ak
Rob Giampietro
Shahab Zehtabchi
Vincent Meertens
Wim Staat

INTRODUÇÃO

SUMÁRIO

LINGUAGEM E TIPOGRAFIA

Contos da grafia 10

Alfabetos e *abjads* 15

Pictogramas e ideogramas 18

Caracteres sem coração 23

Etiqueta política para celebridades 24

Acabou a guerra na África 27

Alfabetos africanos 28

Tipografia árabe-latina 31

Adaptações árabes para logotipos latinos 32

Codificação de caracteres da Guerra Fria 36

A história da grafia partida 38

Tipografia étnica 42

Decapitando a linguagem 46

Homens modernistas 50

Falando grego até que alguém entenda 55

Por favor, não me leia 56

Tradução fracassada 58

HISTÓRIA DA ESCRITA

Contos da grafia

↑ *A Pedra de Roseta*, 196 a.C. Granodiorito. Imagem: British Museum.

LINGUAGEM E TIPOGRAFIA

Cerca de 7 mil línguas são faladas no mundo hoje,[1] e se comunicar em várias línguas é cada vez mais comum. Na tipografia, o uso de diversas linguagens requer, de vez em quando, lidar com grafias diferentes. Aprender como elas funcionam pode nos oferecer um vislumbre de como a escrita se desenvolveu.

Em 1799, o soldado francês Pierre-François Bouchard encontrou um pedaço de granodiorito que mudou o estudo das línguas antigas. Conhecida hoje como Pedra de Roseta, ela traz o mesmo texto em três grafias diferentes: hieróglifos egípcio, demótico e grego. Essa descoberta possibilitou que vinte anos depois se decifrassem os hieróglifos.

A Pedra de Roseta é um dos artefatos multilíngues mais conhecidos e mostra que as sociedades sempre foram poliglotas. No Egito, em 196 a.C., os hieróglifos eram a grafia usada nos monumentos, o demótico era a grafia "comum" e o grego era usado pelo governo. A Pedra foi criada com o intuito de informar todas as camadas da sociedade letrada.

Confusão babilônica

A quantidade de grafias usada hoje em dia é pequena comparada com a variedade do passado. Entender como elas se desenvolveram e como são diferentes entre si é essencial para a compreensão de como funciona a tipografia contemporânea.

As primeiras línguas escritas surgiram por volta de 3200 a.C. no Egito, no Iraque e na Índia. Na África, a escrita Ge'ez – base para a grafia etíope – foi elaborada por volta de 2000 a.C. O sistema de escrita chinês remonta pelo menos a 1200 a.C. No México, as primeiras escritas mesoamericanas são de 600 a.C. Muitos símbolos e sinais anteriores ainda não foram decifrados, e provavelmente a invenção da escrita é muito mais antiga.

As primeiras línguas escritas não usavam alfabetos, mas símbolos gráficos, cada um representando uma figura ou uma ideia. Essas línguas "logográficas", como os hieróglifos egípcios, são a base de toda a escrita. À medida que as sociedades se tornaram mais complexas, essa grafia deixou de ser prática, pois era necessária uma quantidade imensa de símbolos. O som das palavras e dos símbolos foi acrescentado à linguagem, além de seu significado literal. Ao usar o rébus, mais palavras podiam ser criadas valendo-se de uma combinação de símbolos. A escrita se tornou mais fonética, símbolos foram criados para representar sílabas e, com o tempo, eles passaram a representar sons individuais da fala. Assim surgiram os primeiros alfabetos.

A diferença entre um sistema de escrita e uma grafia

Uma grafia é um estilo particular de caracteres, como chinês, cirílico ou latim. Dentro de cada uma há diferentes sistemas de escrita. Na latina estão os sistemas francês, eslovaco etc. Na árabe, os sistemas do urdu, pachto, persa, entre vários outros.

Uma direção

Não existe uma resposta simples que explique por que algumas línguas são escritas da direita para a esquerda e outras da esquerda para a direita. Hieróglifos egípcios eram bidirecionais, ou seja, podiam ser escritos em ambas as direções, e alguns caracteres eram usados para anunciar o ponto de partida da leitura. O alfabeto fenício foi escrito da direita para a esquerda, e o aramaico herdou essa tradição.

O árabe e o hebreu são escritos da direita para a esquerda, e o motivo para isso é que seu predecessor, o aramaico, era inscrito em pedra com martelo e cinzel. Uma pessoa destra começaria trabalhando da direita para a esquerda, com o cinzel na mão esquerda e o martelo na outra.[2] Os gregos usavam tábuas de argila e, para não borrar as palavras, preferiram fazer a inscrição da esquerda para a direita.[3] Latim, cóptico e cirílico, sucessores do alfabeto grego, eram escritos da esquerda para a direita.

Trocando grafias

A transliteração é a escrita de palavras em uma grafia diferente. Em países que usam vários sistemas de escrita, ela é uma tarefa onerosa. Placas de rua, documentos oficiais e livros precisam ser transliterados. A União Europeia conta com cerca de 23 línguas oficiais e gasta 330 milhões de euros por ano só em tradução.

No Azerbaijão, a política influenciou de forma dramática a língua. O alfabeto azerbaijano, ou azeri, mudou de grafia quatro vezes na história. A conquista islâmica em 667 introduziu o alfabeto árabe na unificação do califado. Em 1917, a breve República Democrática do Azerbaijão adotou a grafia latina até que o governo soviético assumiu o poder em 1920. O alfabeto cirílico foi introduzido em 1939, uma transição tão repentina que os caracteres precisaram ser mudados várias vezes. Depois do colapso da União Soviética, houve um debate para decidir se deveriam reinstaurar o alfabeto árabe ou o latino. O Irã, um dos países vizinhos, começou a promover a escrita perso-árabe, e a Turquia, por sua vez, incentivou o uso da grafia latino-turca. Em 1990, a influência turca prevaleceu, e foi escolhido o alfabeto latino,[4] embora tenham sido acrescentados três caracteres específicos da língua azeri que não constam no alfabeto latino-turco: o ə, o x e o q.

FOOL ME ONCE, SHAME ON ARABIC. FOOL ME TWICE, SHAME ON CYRILLIC. FOOL ME THRICE, SHAME ON LATIN: AaaaaaahhhhZERI!!!

↑ Slavs and Tatars. *AaaaaaahhhZERI!!!*, 2009. Serigrafia, 85 × 70 cm. Slavs and Tatars é um coletivo de artistas que atua na área entre o antigo Muro de Berlim e a Grande Muralha da China.

HISTÓRIA DA ESCRITA

PROTOS-SINAÍTICO	FENÍCIO	HEBRAICO	ÁRABE	GREGO ANTIGO	LATIM
boi	𐤀	א	ا	A	A
casa	𐤁	ב	ب	B	B
graveto	𐤂	ג	ج	Γ	C
mão	𐤊	כ	ك	Κ	K
água	𐤌	מ	م	Μ	M
cobra	𐤍	נ	ن	N	N
olho	O	ע	ع	O	O
cabeça	𐤓	ר	ر	Ρ	R
dente	W	ש	ش	Ϲ	S
marca	X	ת	ت	T	T

LINGUAGEM E TIPOGRAFIA

Alfabetos
e *abjads*

O alfabeto latino é a grafia mais usada no mundo hoje em dia. Trata-se de uma adaptação do primeiro alfabeto grego, de 800 a.C. As letras do alfabeto latino podem ser rastreadas até os antigos hieróglifos egípcios, como se pode ver na evolução dos alfabetos à esquerda. O primeiro alfabeto verdadeiro, que foi desenvolvido na Grécia, derivou da escrita egípcia. "Alfabeto verdadeiro" é a expressão que designa os alfabetos nos quais consoantes e vogais são tratadas como letras iguais. Nem todos os alfabetos são assim. O fenício, o hebraico e o árabe usam principalmente consoantes, a maioria das vogais é apenas falada, e não escrita, ou se acrescentam marcas para registrá-las. Esse tipo de alfabeto é chamado de *abjad*, por causa das primeiras letras do alfabeto árabe. *Abjads*, como o árabe e o hebraico, contêm apenas algumas vogais, como a letra *a*, que descende diretamente do hieróglifo egípcio para "boi", mas em geral as vogais são ditas, e não escritas.

Caracteres e letras

Alfabetos e *abjads* têm a vantagem de utilizarem uma pequena quantidade de letras, em geral um conjunto que varia entre vinte e 35, enquanto as logografias podem ter centenas ou até milhares de caracteres. *Abjads* têm menos vogais do que os alfabetos verdadeiros, mas isso não os torna menores. O alfabeto árabe básico tem 28 letras, duas a mais que o alfabeto latino no inglês. Cada alfabeto evoluiu para se adequar a necessidades linguísticas, com suas letras únicas e diacríticos (acentos). Os alfabetos cirílicos tendem a conter mais letras porque adicionam letras em vez de usar diacríticos. Os alfabetos cabardiano e abecázio, do Cáucaso, são os maiores do mundo, com 58 e 56 letras, respectivamente.

Exemplos deste capítulo usam a grafia árabe e a chinesa para mostrar como diferentes grafias podem influenciar decisões de design e a comunicação visual em geral.

← Evolução dos alfabetos. Imagem Ruben Pater.
→ Emoji da Apple. Desenvolvido pela Apple, baseado em emoticons japoneses. Apple Computer.
↠ Hieróglifos egípcios no Louvre. Foto: Echelon Force.

Pictogramas e ideogramas

O chinês, a língua com mais falantes no mundo, utiliza uma grafia logográfica, diferente dos alfabetos e dos *abjads*, em que cada símbolo significa um som, e não uma palavra. No entanto, costuma-se supor algo errado: que todos os caracteres chineses são pictogramas, assim como os hieróglifos e os emojis. Os caracteres chineses são usados tanto pelo significado pictográfico quanto pela pronúncia fonética.

Pictogramas

Um pictograma é uma imagem icônica da palavra que representa, como a cabeça de boi nos hieróglifos egípcios significa "boi". No chinês, os caracteres mais antigos e básicos são pictogramas chamados *hanzi*, muito usados no japonês, língua em que são conhecidos como *kanji*.

人 humano 大 grande

日 sol 刀 faca

山 montanha 木 árvore/madeira

Os pictogramas básicos podem ser combinados para formar novos símbolos, chamados de agregados. Por exemplo, o símbolo da árvore (木) pode ser usado para criar os símbolos indicativos de floresta grande ou pequena.

木 árvore 林 floresta pequena 森 floresta grande

Pictogramas chineses possuem uma longa história. Antes do século XV, o chinês era a língua da classe letrada em toda a região, e é por isso que pictogramas chineses ainda são usados no Japão. Os pictogramas permitem que uma pessoa que sabe ler em japonês consiga entender um pouco do texto chinês, embora sem necessariamente saber pronunciá-lo.

Ideogramas

Ideogramas são símbolos que representam uma ideia. Os caracteres chineses que representam "cima" e "baixo" e "um", "dois" e "três" são exemplos disso. De todos os caracteres chineses, 4% são pictogramas, 13% são agregados e 1% são ideogramas; todos os outros são complexos fonéticos.

上 cima 下 baixo

一 二 三 um, dois, três

Fonética complexa

Os caracteres chineses podem ser usados de duas maneiras: pelo som e pelo significado logográfico. Não saber o significado que se pretendia transmitir pode ser pouco prático, então caracteres fonéticos e logográficos são mesclados para criar complexos. Estes compõem 82% dos caracteres chineses. O exemplo a seguir mostra como o pictograma para chuva (雨) pode ser combinado com a fonética de outros caracteres para produzir complexos fonéticos.

雨 chuva + 云 (yun)   = 雲 nuvem (yun)

雨 chuva + 辰 (chen)   = 震 sacudir (zhen)

雨 chuva + 相 (xiang)   = 霜 gelo (shuang)

Bidirecional

O japonês e o chinês tradicional podem ser lidos e escritos em várias direções. Como os caracteres são compostos de unidades quadradas desconectadas, é mais fácil de se fazer a composição tipográfica em múltiplas direções. O chinês simplificado de hoje em dia e o coreano são escritos horizontalmente da esquerda para a direita, como na grafia latina. O chinês tradicional e o japonês podem ser escritos em ambas as direções, dependendo do contexto. A composição tipográfica dessas duas línguas na direção vertical exige um *software* especial, pois a ordem dos caracteres, se usada verticalmente, pode ser diferente.[5]

20   GRAFIAS LOGOGRÁFICAS

A tradução de nomes de marcas para o chinês é feita foneticamente, o que gera novos significados. Em 1928, a Coca-Cola foi traduzida para 骒马口蠟, o que pode ser lido como "morder o girino de cera" ou "égua recheada de cera".[6] Vendas decepcionantes levaram à busca de novas

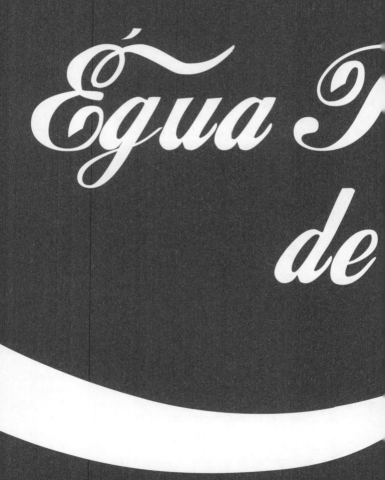

LINGUAGEM E TIPOGRAFIA

traduções. Foram pesquisadas duzentas combinações que permitiam pronunciar o nome com um significado um pouco mais apropriado. Acabaram bolando "alegria na boca" (可口可乐).

GRAFIAS LOGOGRÁFICAS

amor (tradicional)

amor (simplificado)

LINGUAGEM E TIPOGRAFIA

Caracteres
sem coração

Pesquisa de Yin Aiwen

Uma guerra cultural entre o chinês tradicional e o simplificado está em curso. Taiwan, Hong Kong e partes da diáspora chinesa usam caracteres tradicionais, enquanto o chinês simplificado é utilizado na China continental e em Cingapura.

O chinês tradicional tem uma longa história, mas foi institucionalizado durante a dinastia Qin, no século III a.C. Esses caracteres elaborados só podiam ser lidos e escritos pela elite, e alguns caracteres tradicionais exigiam até dezoito pinceladas para serem desenhados.

Os caracteres foram simplificados por motivos práticos no uso cotidiano, mas se tornaram oficiais somente depois da Revolução Cultural de Mao, em 1956. O regime comunista queria padronizar a língua ao introduzir o chinês simplificado em todo o país, o que fortaleceria a economia e ajudaria a aumentar os índices de alfabetização.

A primeira versão da simplificação foi feita de forma apressada e tinha inconsistências nas substituições de símbolos, tornando-a passível de erros. Ao longo das décadas, novas modificações de caracteres foram necessárias para corrigir as incongruências. Taiwan e Hong Kong mantiveram os caracteres tradicionais. Argumentavam que a estética "autêntica" da escrita chinesa se perdia no processo de simplificação.

Defensores do chinês tradicional afirmam que as pessoas que escrevem com caracteres simplificados "não têm coração", pois o caractere tradicional de amor (愛) contém o símbolo do coração (心) e, ao passar pelo processo de simplificação, (爱) o coração foi substituído por "amigo" (友). Como contra-argumento, os defensores do chinês simplificado afirmam que quem usa o chinês tradicional "não tem amigos".[7]

Foi assim que a estética da língua exerceu um papel importante nas tensões culturais entre os países que falam chinês.

GAFES POLÍTICAS

Etiqueta política para celebridades, com Taylor Swift

Sempre em público e observadas por todo mundo, as celebridades podem ter uma vida exigente. Nada mais natural, portanto, que elas nem sempre estejam cientes do contexto político no qual se encontram e acabem cometendo gafes.

Em julho de 2015, Taylor Swift anunciou seu novo disco e turnê mundial intitulados *T.S. 1989*. Uma campanha de marketing e uma loja virtual foram lançadas com um logo pintado com spray. O jornalista Fergus Ryan foi o primeiro a mencionar que *T.S. 1989* também poderia ser interpretado como Tiananmen Square, 1989, o ano dos protestos de estudantes em Beijing e o massacre que ocorreu ali. Todas as menções a esse evento são fortemente censuradas pela mídia chinesa. Quando a turnê de Swift chegou à China, foi preciso abandonar o título *T.S. 1989*, e os produtos da loja virtual com o logo *T.S. 1989* ficaram indisponíveis para usuários chineses.

@taylorswift13 vai vender camisetas com "1989" na China. #esquisito #tiananmen – @fryan, 22 de julho de 2015

↑ Casaco com capuz da loja virtual de Taylor Swift: www.taylorswiftstore.co.uk © Taylor Swift 2015.

Participação especial: Katy Perry

A performance de 2015 de Katy Perry em Taiwan surpreendeu tanto os fãs dela quanto a mídia. Ela vestia uma roupa de girassóis, com a bandeira taiwanesa da "República da China". Perry trajou essa roupa em todos os países da sua turnê mundial, então provavelmente não estava ciente da relação muito sensível entre a China e Taiwan, e o protesto estudantil taiwanês de girassóis contra as políticas comerciais da China em 2014.

Os fãs taiwaneses elogiaram o apoio que ela oferecia ao movimento, mas na China a resposta foi menos entusiástica. Imagens da performance dela foram apagadas de todas as redes sociais chinesas no dia seguinte.

@KatyPerry vestiu nossa bandeira nacional durante seu discurso hoje à noite. #PrismaticWorldTour #PrismaticTaipei
– *@theauragirl, 28 de abril de 2015.*

– e Cameron Diaz

Uma bolsa com o *slogan* pessoal de Mao gerou controvérsia durante a visita de Cameron Diaz ao Peru em 2007. As pessoas ficaram muito ofendidas. Ela pediu desculpas quando soube que o conflito nas décadas de 1980 e 1990 com os Senderos Luminosos maoistas tinha causado a morte de 69 mil pessoas.

↑ Katy Perry em show em Taipei, 2015. Foto: LuXChiara.

ጦርነት፤ እበያ፤

ከፈሊጋችሁት።

መልካም፤ገና፤ከኦሐነስ፤እና፤ዮኮ።

www.**IMAGINEPEACE**.com

Acabou a guerra na África

Com Missla Libsekal e Michael Thorsby

"War is over, if you want it" [A guerra acabou, se você quiser]. As famosas palavras de paz de John Lennon se tornaram um projeto artístico em andamento que hoje conta com traduções para mais de cem línguas. Missla Libsekal do Another Africa percebeu que não havia versões para a Etiópia e a Eritreia, uma região em conflito. Ela decidiu juntar-se ao designer Michael Thorsby para criar uma versão em amárica e tigrínia, as línguas dos dois países. Ambos usam a escrita Ge'ez, o sistema de escrita mais antigo da África, que remonta ao século V a.C.

A pouca disponibilidade de fontes digitais em Ge'ez levou o designer Michael Thorsby a criar novos caracteres baseados na grafia original, para se encaixar no espaço das letras em Franklin Gothic do cartaz original. Falantes nativos ajudaram a conferir e a corrigir o resultado final.

Missla Libsekal dá o seguinte conselho aos designers: "Ter um falante nativo participando do processo é absolutamente necessário para lidar com questões de legibilidade, gramática etc.". Libsekal reconhece que o analfabetismo do designer pode permitir uma nova visão acerca da tipografia, mas os designers precisam cuidar para que as escolhas estéticas não acabem provocando falhas de comunicação.

↑ Foto de Missla Libsekal e Michael Thorsby, 2010.
← "A guerra acabou, se você quiser", em amárica. Missla Libsekal e Michael Thorsby, 2010.

Alfabetos africanos

Um quarto das línguas do mundo é falado apenas no continente africano: um número entre 1250 e 2100 línguas. As colonizações islâmica e europeia influenciaram os alfabetos africanos de forma dramática.[8] Uma das línguas mais faladas na África ocidental é o hauçá, que conta com 35 milhões de falantes, a maioria na Nigéria. Por séculos, foi escrita numa versão do alfabeto árabe chamado ajami, até que, na década de 1930, a administração colonial britânica o alterou para o alfabeto latino.

Antes da colonização, havia abundância de diferentes grafias no continente: a Tifinagh dos tuaregues, a N'Ko da África ocidental, a Nsibidi do sudeste nigeriano, a Vah do povo bassa na Libéria etc. Os governos colonizadores impuseram sistemas de escrita ocidentais para controlar a comunicação e influenciar a produção cultural. O uso de grafias e línguas locais foi diminuindo, exceto na Etiópia – uma das poucas nações independentes da África –, onde a escrita Ge'ez permanece até hoje. Embora a colonização tenha marginalizado muitas formas de escrita africanas, algumas sobrevivem em pequenas comunidades.

Ressuscitando alfabetos africanos

O designer Saki Mafundikwa pesquisou grafias africanas e as compilou no livro *Afrikan Alphabets*, lançado em 2004. Ele percebeu um ressurgimento de alfabetos africanos nas últimas décadas. No Marrocos, o neo-Tifinagh está sendo usado para lecionar línguas berberes, e a escrita N'Ko foi adaptada para aplicativos e redes sociais.[9] Saki Mafundikwa abriu uma escola de design em Harare chamada Zimbabwe Institute of Vigital Arts. Ele explica a importância de ressuscitar alfabetos africanos: "Não estou pedindo que o alfabeto romano 'reflita a cultura africana'. Num contexto tecnológico, em que já vimos a tipografia ser mutilada e distorcida de maneiras grotescas; creio que os alfabetos africanos podem oferecer um sopro de ar fresco capaz de resgatar o alfabeto romano dos caprichos de estilismos e tendências".[10]

→ Símbolos Nsibidi usados em tecido Ukara. Igbo. Tecido (Ukara), século XX. Algodão comercial, tinta anil, 147,3 × 198,1 cm. Brooklyn Museum, comprado com fundos doados por Frieda e Milton F. Rosenthal, 1990.132.6. Foto: Brooklyn Museum.

→ Símbolos Nsibidi. Imagem tirada de en.wikipedia.org/wiki/Nsibidi.

→ Tipografia Nsibidi no fórum Nairaland por Crayola1. Imagem: www.nairaland.com/ 973985/ nsibiri-pre-colonial-writing-south-eastern.

LINGUAGEM E TIPOGRAFIA 29

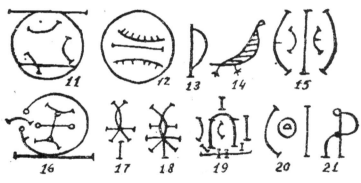

ÁRABE-LATINO

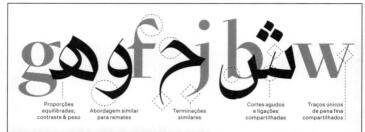

Proporções equilibradas, contraste & peso | Abordagem similar para remates | Terminações similares | Cortes agudos e ligações compartilhadas | Traços únicos de pena fina compartilhados

29LT Zeyn

Abdel Wahab Al Bayati — عبد الوهاب البياتي

Bold

Minha nação é o exílio.
Meu exílio são minhas palavras.

Medium

Regular

Light

Variedade extensa de **ligaturas** e **conjuntos estilísticos**.

Tipografia árabe-latina

A comunicação visual contemporânea exige que o design de fontes inclua não apenas um, mas vários alfabetos em seus conjuntos de caracteres, como árabe, cirílico, hindi, latino etc.[11] Categorias como "não latino" são ultrapassadas e sugerem uma hierarquia, ignorando a realidade de um público multilíngue em crescimento.

O desenvolvimento econômico do mundo árabe atraiu muitos investidores, e com isso a necessidade da elaboração de novas identidades visuais e fontes árabes.[12] No entanto, muitos desses projetos de fontes foram feitos como um desdobramento de uma fonte latina já existente. Quando a grafia latina é usada para ditar a forma, a escrita árabe se torna subordinada, desprezando-se sua herança visual e cultural.[13]

Polinização cruzada da tipografia

O tipógrafo Pascal Zoghbi trabalha com outros colegas na criação de fontes que tenham tanto caracteres árabes como latinos. A ideia é respeitar ambas as escritas e não deformar nenhuma grafia em benefício da outra. As letras árabes não devem ser elaboradas a partir de componentes copiados e colados das letras latinas e vice-versa.[14]

Uma das fontes que Zoghbi desenvolveu foi a Zeyn, uma tipografia latina e árabe contemporânea elaborada em conjunto com Ian Party, da Swiss Typefaces. Zeyn (زين) é uma palavra árabe que significa belo, gracioso e elegante. As letras árabes e latinas foram criadas simultaneamente e sem precisar sacrificar uma escrita em prol da outra.[15]

O que é impressionante no resultado é que ambos os sistemas de escrita preservam sua estética única e sua identidade, mas, ao mesmo tempo, as formas das letras se contaminam. Em vez de criar uma hierarquia entre os alfabetos, um projeto de fonte multilíngue como o Zeyn permite a mescla e a polinização cruzada das grafias do mundo, gerando novas práticas tipográficas.

← 29LT Zeyn, por Ian Party e Pascal Zoghbi, 2014. Imagem: Pascal Zoghbi.

Adaptações árabes para logotipos latinos

Com Pascal Zoghbi

A demanda por logotipos árabes está aumentando. Os governos da Arábia Saudita e dos Emirados Árabes adotam uma política bilíngue que exige que toda marca internacional apareça tanto no alfabeto latino como no árabe. No entanto, as adaptações árabes são feitas muitas vezes de forma apressada ou incorreta.

Um breve guia

Primeiro, os designers precisam saber que o árabe tem uma origem diferente da do alfabeto latino. As letras são baseadas na caligrafia, e não construídas, como as maiúsculas romanas. As variações de estilo latinos como serifado, sem serifa, humanista ou manuscrita não se aplicam. O árabe tem estilos caligráficos como Kufi, Naskh, Thuluth e Diwani. Todos eles se relacionam a contextos religiosos, culturais e históricos que devem ser levados em conta nas decisões de projeto.

Não crie uma adaptação árabe de um logo latino recortando letras latinas e criando letras árabes e desprezando as pinceladas ou a proporcionalidade das letras. Se a fonte construída não se baseou na grafia árabe, ficará parecendo um "Frankenstein árabe", e os caracteres podem ser de difícil leitura ou até mesmo mal interpretados por se parecerem com outros caracteres.

Comece analisando os aspectos tipográficos da tipografia latina e escolha a grafia árabe que seja "adequada" à latina. Por exemplo, fontes geométricas sem serifas funcionam com Kufi, humanistas sem serifas, com Naskh, e serifadas funcionam melhor com Naskh, Thuluth e Diwani. Não existe apenas um "árabe", mas muitas línguas e dialetos que usam versões da escrita árabe. Por fim, como nela não existe altura-x, a altura dos caracteres, com suas descendentes e ascendentes, precisa ser determinada em relação à escrita latina.[16] Elementos da narrativa visual do logo precisam ser traduzidos para que possam ser lidos da direita para a esquerda.

Essas regras podem ser ignoradas por vários motivos, desde que o designer esteja ciente de que as escolhas podem trazer consequências culturais. Sempre teste suas criações com falantes da língua.

LINGUAGEM E TIPOGRAFIA 33

↑ Logos árabes "Frankenstein" encontrados nos Emirados Árabes e na Arábia Saudita. Fotos: Pascal Zoghbi.
→ Logos latinos e suas traduções árabes © Burger King, FedEx, Amazon e Subway.

ÁRABE-LATINO

LINGUAGEM E TIPOGRAFIA 35

Codificação de caracteres da Guerra Fria

Agradecimentos a Pedro Oliveira

As línguas que falamos e escrevemos não estão necessariamente disponíveis para a comunicação digital. Os primeiros computadores e os serviços de e-mail tinham memória muito limitada e só permitiam uma coleção pequena de caracteres. Os primeiros computadores se comunicavam com ASCII, abreviação de American Standard Code for Information Exchange [Código Americano Padrão para Troca de Informações]. Era limitado a 128 caracteres, o que incluía o alfabeto inglês, funções básicas e símbolos matemáticos. Não dispunha de francês, alemão, português, o que dirá de outros sistemas ou formas de escrita. O padrão ASCII é um dos motivos pelos quais o sistema de escrita em inglês se tornou a língua padrão dos computadores e da internet.

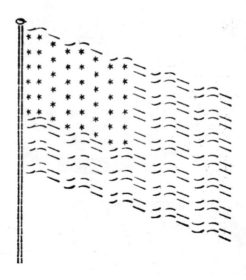

↑ Arte pré-ASCII. Bandeira dos Estados Unidos criada com uma máquina de escrever por Menno Fast, *Popular Mechanics*, out. 1948.

Hackeando ASCII

Quando o uso do SMS e da internet se difundiu, quem não falava inglês ficou para trás. Usuários de internet em países árabes inventaram uma maneira inteligente de se comunicar em sua língua sem um teclado com caracteres árabes. O alfabeto de chat em árabe, ou *Arabish*, é uma língua que usa numerais ASCII e outros caracteres para substituir letras árabes: 3 é a letra *ayin* (ع), 5 é a letra árabe *kh* (خ) e 9 é a letra árabe *saad* (ص). Esta lista de músicas de um disco da banda Jerusalem in My Heart é um exemplo de como é o *Arabish*:

```
Mo7it Al-Mo7it
01. Koll Lil-Mali7ati Fi Al-Khimar Al-Aswadi
02. 3andalib Al-Furat
03. Yudaghdegh El-ra3ey Walal-Ghanam
04. 3anzah Jarbanah
05. Dam3et El-3ein 3
06. Ko7l El-3ein, 3emian El-3ein
07. Amanem
```

Unicode

Apenas na década de 1990 o ASCII foi substituído por um sistema que podia incluir outras línguas além do inglês: o Unicode.[17]

O Unicode foi inventado em 1992 para comportar mais de 1 milhão de caracteres, em vez de apenas algumas poucas centenas. O Unicode se tornou o novo padrão e contempla todas as línguas do mundo. É o primeiro sistema internacional de codificação de caracteres textuais que permite a transliteração digital de diferentes sistemas de escrita e grafias. A versão 8.0 inclui 129 grafias, incluindo formas antigas como a hieroglífica e a cuneiforme. Novas grafias são acrescentadas todos os anos.

O Unicode é coordenado pelo consórcio Unicode, uma organização sem fins lucrativos que continua expandindo o sistema com novos sistemas de escrita e conjuntos de caracteres. No site www.unicode.org, você encontra uma lista das grafias que o Unicode suporta, incluindo cerca de 120 mil caracteres. O Unicode também conta com muitos caracteres não linguísticos, como símbolos matemáticos, ícones, gráficos e emojis.

↑ Lista de música do disco *Mo7it Al-Mo7it* da banda Jerusalem in My Heart em *Arabish*, um projeto musical de Radwan Ghazi Moumneh. Disco lançado pela Constellation Records, Montreal, 2013.

A história da grafia partida

Cinquenta anos depois da Segunda Guerra Mundial, uma fonte ainda é associada à Alemanha nazista. Uma das escritas góticas, a *fraktur* ou fratura, existiu por muitos séculos em toda a Europa, mas os poucos anos nos quais cumpriu o papel de fonte oficial do Terceiro Reich foram suficientes para arruinar para sempre sua reputação.

A letra gótica, chamada de *Gebrochene Schrift* [grafia partida] em alemão e de *blackletter* [letra negra] em inglês, apareceu no século XII para dar conta da demanda crescente por livros. Seu design condensado economizava espaço e podia ser desenhado com maior rapidez do que a grafia carolíngia arredondada. Tornou-se o tipo preferido para bíblias e manuscritos em geral. O primeiro livro impresso em tipos móveis por Gutenberg foi uma bíblia composta em letras góticas que mimetizavam os textos grafados à mão.

Na Renascença houve uma retomada da tipografia romana, também chamada de "letra branca",[18] que substituiu gradualmente a letra gótica na maior parte da Europa, exceto na Alemanha, onde a gótica permaneceu em uso até o século XX. Usada principalmente para literatura alemã e bíblias, era considerada um símbolo do nacionalismo germânico.

Na década de 1920, a letra gótica era demodê. Os designers da Nova Tipografia promoveram as fontes sem serifas como novo estilo.

↑ Imagem de Jan Tschichold. *The New Typography*. Berkeley: University of California Press, 1998. pp. 74–75.

→ Johannes Gutenberg, *A Bíblia de Gutenberg*, 1454–55.

Filij iether:iephone ⁊ phaspha ⁊ ara. Filij aũt olla:aree ⁊ anihel et resia. Õmes hy filij aser: principes cognationũ electi atq̃ fortissimi duces ductũ. Nũs ãt eoꝝ etatis que apta esset ad bellũ:vigintisex milia. **VIII**

eniamin aũt genuit bale ꝑmogenitũ suũ:asbal secũdum ahara terciũ.noaha q̃rtum:et rapha q̃ntum. fuerũtq̃ filij bale addaoꝛ et gera. et abiud : abisue quoq̃ et neman et ahoe sed et gera. et sephuphan et uram. Hy sũt filij ahod. ꝑncipes cognaconũ habitãcĩũ in gabaa:qui translati sunt ĩ manath. Noomã aũt ⁊ achia ⁊ gera ipe transtulit eos: et genuit

Diese gotische Schrift wurde nach Entwürfen von Friedrich Heinrichsen, Hannover, geschnitten und in drei Gar

Gotenburg

herausgebracht von der Schriftgießerei und Messinglinien-Fabrik D. Stempel, Aktien-Gesellschaft, Frankfurt an

Jan Tschichold criticou o nacionalismo da letra gótica no livro *Die neue Typographie* [A nova tipografia], em 1928: "O caráter enfaticamente nacional e exclusivista da fratura – mas também das fontes nacionais equivalentes de outros povos, como os russos ou os chineses –, contradiz as conexões transnacionais entre os povos de hoje, forçando sua inevitável eliminação. Manter essas tipografias é retrógrado".[19]

Hitler não gostava da letra gótica

Quando chegaram ao poder em 1933, os nazistas afirmaram que a letra gótica era parte da tradição cultural alemã e a tornaram a fonte oficial. Os designers da Nova Tipografia e da Bauhaus foram rotulados de "degenerados" e muitos designers foram presos ou fugiram do país.

No entanto, aparentemente, Hitler não gostava tanto da letra gótica. "Hitler gostava da Futura", escreveu Judith Schalansky. O cartaz que usou na eleição de 1932 trazia uma fonte sem serifa similar à Futura. O cartaz das Olimpíadas de 1936 foi composto com um híbrido sem serifa/serifado. O designer da Futura, o alemão Paul Renner, foi preso em 1933 após criticar a política cultural dos nazistas.[20]

Oito anos depois, o governo nazista abandonou a letra gótica. Ela se revelou pouco prática pois as pessoas nos países ocupados tinham dificuldade para lê-la. O argumento oficial era que a letra gótica tinha "origem judaica": "Considerar a chamada letra gótica uma fonte alemã é um equívoco. Na verdade, a tipografia gótica é composta de letras judaicas de Schwabach... A fonte Antiqua deve ser adotada como tipografia geral no futuro", de acordo com um decreto do NSDAP de 1941.[21]

Futuro da fratura

Depois da Segunda Guerra Mundial, o uso de letra gótica na Alemanha ocidental foi considerado tabu. Mesmo recentemente, em 2005, uma tipografia gótica numa campanha mundial da Reebok foi substituída por um tipo sem serifas monoespacejado para o mercado alemão.[22]

A letra gótica foi usada no norte da Europa por séculos. Manchetes de jornais e logos de cervejas são uma lembrança de que a longa tradição europeia de letras caligráficas representa mais do que um estereótipo da Segunda Guerra Mundial.

← Friedrich Heinrichsen. Type Specimen Gotenburg Stempel, 1935.

Tipografia étnica

Às vezes as fontes parecem ter uma associação étnica bastante distintiva. Você pode encontrar esses "estereótipos" em restaurantes que querem provar que são autenticamente gregos, chineses, russos ou alemães.

Muitas vezes a tipografia não é explicitamente étnica, mas passou a representar algumas etnicidades no decorrer de seu uso histórico. Rob Giampietro[23] e Paul Shaw[24] fizeram uma pesquisa excelente a respeito do assunto. Apesar do esforço deles, muitos designers ainda tendem a usar uma "tipografia autêntica" quando precisam representar alguma etnia.

Tipografia Chinatown

Depois do terremoto de São Francisco em 1906, um bairro chinês foi construído para substituir a Chinatown destruída. Shaw explica como uma fonte chamada "Mandarin" se tornou sinônimo do bairro.[25] Ela foi desenvolvida por um designer americano em 1883, com o objetivo de parecer oriental, como se fosse elaborada a partir de pinceladas ágeis

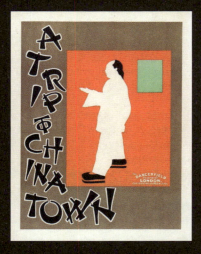

↑ *Uma viagem a Chinatown*, irmãos Beggarstaff, 1899 © Estates of James Pryde and William Nicholson.

↗ Embalagem para viagem de comida chinesa. Imagem: www.fold-pak.com.

feitas com instrumento de ponta fina. Um dos primeiros usos da fonte Mandarim está no cartaz de 1899 dos irmãos Beggarstaff para a peça *Uma viagem a Chinatown*, que ajudou a popularizar essa fonte.[26] Uma vasta gama de tipos "orientais", apelidados de "chop suey", invadiram o mundo para atrair clientes a restaurantes chineses, japoneses e outros "asiáticos".

Em 2002, a marca de roupas Abercrombie & Fitch elaborou uma linha de camisetas com fontes "chop suey" representando caricaturas asiáticas com textos como "Two Wongs Can Make it White" [Dois chinas conseguem deixar branco]. Uma das respostas veio de Lela Lee, cartunista de Los Angeles: "As camisetas apresentam estereótipos de mais de um século atrás de asiáticos como 'servos dentuços de olhos puxados que lutam kung-fu e falam frases de biscoitos da sorte'". A chuva de reclamações recebidas forçou a loja a tirar as camisetas do mercado.[27]

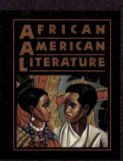
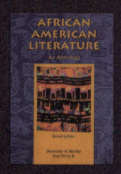

Espírito americano

As fontes Neuland e Lithos foram usadas como um clichê tipográfico para textos e publicações afro-americanos. Essa tipografia foi utilizada em literatura afro-americana, antropologia africana e marketing exótico/de aventura para filmes como *Jurassic Park*, *Tarzan*, *Jumanji* e *O Rei Leão*. Como essa fonte pesada de estilo *jugendstil* se tornou um sinônimo para a tipografia "exótica" e para a cultura africana e afro-americana?

↑ Embalagem de American Spirit, Natural American Spirit © Santa Fe Natural Tobacco.
↗ Rinehart Holt e Winston Holt. *African-American Literature*, Holt McDougal, 1998.
↗ Demetrice A. Worley, Jessie Perry. *The Norton Anthology of African-American Literature*, NTC Publishing Group, 1998.

A Neuland foi desenvolvida por Rudolf Koch em 1923 como uma versão moderna da letra gótica, naquela época usada na Alemanha. Nos Estados Unidos, a Neuland era recomendada para a publicidade, e os designers a categorizaram como uma fonte de estilo *woodblock*.[28] Giampietro[29] explica como esse estilo foi usado para produtos "populares", como tabaco e propagandas de circo, e estas últimas se valiam das associações com o exotismo e a aventura. Graças a isso, a Neuland se tornou um estereótipo do design de produtos para o mercado afro-americano e para a representação dessa cultura até boa parte da década de 1990.[30]

A comunidade afro-americana, no entanto, não seguia os estereótipos da "tipografia étnica". Por exemplo, a revista afro-americana *Ebony* e os discos da Blue Note da década de 1960 usavam tipos modernistas como Futura, Trade Gothic e Clarendon.[31]

Totens e padrões

O Afrika Museum na Holanda expõe arte histórica e contemporânea do continente africano e da diáspora. Em 2006, o tipógrafo holandês René Knip foi convidado para desenvolver a nova identidade do museu. Ele elaborou uma fonte ornamental estêncil usando padrões e formas inspirados pela cultura africana. As formas das letras foram recortadas em metal e espalhadas pelo museu, usadas como sinalização em "tótens".[32]

↑ Identidade do Afrika Museum. Ateliê René Knip © 2006.

O crítico de design Max Bruinsma comentou que nesse trabalho tipográfico "as letras irradiam uma mágica animista".[33] Numa palestra em 2014, Knip esclareceu que seu design não pretendia ser "sério" porque os principais visitantes do museu eram crianças de colégio.[34] Fica claro que o projeto não é baseado no que a cultura ou a tipografia africanas tem de fato a oferecer, mas apenas reflete a imaginação do designer, o que ele julga ser "africano". Isso reduz a arte histórica e contemporânea de todo um continente a um estereótipo colonial.

Exotismo alienígena

A tipografia étnica transcende as fronteiras do tempo e do espaço. O filme de ficção científica *Avatar*, de 2011, apresenta um enredo colonial clássico. A fonte escolhida para o cartaz e o *merchandise* foi a Papyrus, desenvolvida pelo designer americano Chris Costello em 1983. Numa entrevista de 2007, ele afirmou que o desenho foi inspirado pela imagem que ele tinha do Oriente Médio antigo. Papyrus é uma dessas fontes que podem ser encontradas em qualquer projeto que busca uma associação exótica, espiritual, antiga ou étnica.

A tipografia étnica pode levar a projetos racistas, mas, anteriormente a isso, a questão é que o uso de estereótipos impede o público de ver representações de minorias tratadas com o mesmo respeito que as culturas dominantes.

↑ Cartaz do filme *Avatar* © 20th Century Fox, 2009.
↗ *The Original Founding Fathers*. Imagem extraída de www.papyruswatch.com.

Decapitando a linguagem

"Por que ter dois alfabetos quando um só atinge o mesmo resultado? Por que escrever grande se não podemos falar grande?", dizia o papel timbrado da Bauhaus em 1925. O designer responsável por esse cabeçalho, Herbert Bayer, era um defensor da Nova Tipografia, que propunha abandonar as letras maiúsculas e usar apenas a caixa-baixa. Bayer achava "a vida moderna muito rápida e empolgante para perder tempo usando dois alfabetos", escreve Alice Rawsthorn.[35]

É curioso que apenas os alfabetos latino, grego e cirílico usem caixa-alta e caixa-baixa. A maioria das formas de escrita utiliza apenas uma versão. O alfabeto romano inicialmente era composto apenas por letras maiúsculas, construídas a partir de formas geométricas. Essas letras, no entanto, não eram muito práticas para a escrita à mão, e as adaptações que surgiram de seu uso cotidiano foram chamadas de cursivas. Ao longo dos séculos, elas tiveram diferentes estilos até que foram oficialmente incorporadas ao alfabeto, na Idade Média, por Carlos Magno.

O alfabeto latino moderno é, portanto, uma combinação de capitulares geométricas romanas e letras minúsculas da Idade Média, unidas pelos fabricantes de tipos da Renascença.

A caixa-alta

Ter dois alfabetos permitiu discriminar e criar sistemas hierárquicos. Isso fica claro na maneira como algumas palavras e nomes são escritos com maiúsculas. As relações de poder entre ideias, posições de poder e relações humanas podem ser julgadas valendo-se da caixa-alta.

Na época colonial, a raça "Branca" recebia maiúscula e a "negra" era escrita apenas com minúsculas.[36] Títulos como Rei, Lorde, Presidente, Papa e Imperador recebiam caixa-alta, enquanto palavras como camponês, escravo e servo, não. Esses títulos derivam da época em que o poder era hereditário, transmitido para filhos do sexo masculino, mas essas convenções tipográficas são aplicadas até hoje. Vemos o mesmo tipo de discriminação em títulos acadêmicos, em que o poder da letra maiúscula ainda triunfa em títulos como Bacharel, Mestre ou Doutor (Ph.D.).

→ Wim Crouwel, PTT Telefoongids 1977–78, Holanda. Imagem: Museum voor Communicatie, Den Haag.

1

aalsmeer

(02977)

alarmnummers

44 44	**brandweer**
	bgg (020) 45 45 45
30 55	**ongevallen**
30 55	**politie**

30 92 **aalbers, p w a,** hellendaalstr 3
21 63 **aalbersberg, p,** sportln 75, bloemist
73 81 **aalsmeer's grondstoombdr,** aalsmeerderwg 28, fa f vreeken & zn
49 34 bgg
10 06 **aalsmeer's glorie export,** legmeerdk 313/32e
44 54 **aalsmeer boekhuis,** zydstr 12
41 17 fil ophelialn 102
aalsmeerder courant, de, zie randstad publicaties bv
43 40 **aalsmeers textielhuis fa g dekker,** zydstr 67
12 87 **aalsmeerse hengelsportvereniging vislust,** clematisstr 6
03 15 **aalst, mr w e. van,** fuutln 42 kant. amsterd (020) 44 74 41
33 12 **aalst, d j. van,** hellendaalstr 31
75 41 **aalst, p c. van,** waterhoenstr 3
26 21 **aalst, d a m. van,** wilhelminastr 1
11 89 **aandewiel, j j,** julianaln 185
62 14 **aardappelhandel jac klein,** opheliain 124
17 15 **aardewijn, t,** mozartln 49
aardweg, i w. vd, oosteinderwg 579, bloemenkw (020) 45 81 09
24 66 **aardweg, s th. vd,** wilhelminastr 38
78 24 **aarsen, g l,** machinewg 302
54 76 **aarsen, d a,** opheliain 223
20 03 **aaij, dr c,** karekietstr 6
06 19 **abbo, a w,** lunaln 2
06 19 **abbo-tilstra, b,** lunaln 2, internist
76 99 **abc computercentrum,** hadleystr 1
21 96 **abels, r,** emmastr 4/c
75 74 **aberson bouwmat nv,** handelstr 25, verk a van mourik

2 73 26 dir a p c van iperen
dir d e c van kuijk (03461) 19 22
2 26 35 **aertssen, n a p,** constantynstr 10
2 41 78 **ago verzekeringen,** geraniumstr 20, expert f j blommestijn
2 02 27 **agtersloot, j j,** emmastr 5
2 38 55 **agtersloot, h,** oosteinderwg 491
2 75 98 **agtersloot, j j,** wilhelminastr 2
2 16 74 **akker, r. vd,** clusiusstr 12
2 22 81 **akkerboom, t,** locatellihof 25
2 00 98 **akse, a,** hortensialn 79
2 38 11 **aktiviteiten centrum lich gehandicapten, st,** zwartewg
2 67 46 **al & valk bv,** legmeerdk 313, veiling vba
2 77 08 **alberda, j,** julianaln 189, ler hts
2 46 68 **albers, fa gebr,** machinewg 133, betonb enz
2 11 09 **albers, p g a,** oosteinderwg 250
2 06 43 **albers, h,** rietgorsstr 12
2 19 82 **albers, h j,** uranusstr 10, dir
2 69 38 **albert heijn nv,** raadhuispln 10
2 09 61 **alderden, p c,** aalsmeerderwg 39, bloemist
2 69 09 **alderden, j,** aalsmeerderwg 41
2 34 49 **alderden, h,** aalsmeerderwg 61
2 43 59 **alderden, a,** aalsmeerderwg 78
2 61 73 **alderden & zn, fa wed j,** aalsmeerderwg 80
2 60 46 **alderden, j,** aalsmeerderwg 92, bloemist
2 58 50 **alderden wzn & zn, fa d,** aalsmeerderwg 267
2 04 92 **alderden, j,** v cleeffkd 7/a
2 50 52 **alderden, m c,** cyclamenstr 1/a
2 36 89 **alderden, m w,** mendelstr 39
2 42 51 **alderden jr & zn, fa m,** oosteinderwg 161, kwekers
2 61 28 **alderden czn, w,** oosteinderwg 265
2 63 81 **alderden, c,** oosteinderwg 325, bloemist
2 12 43 **alderden p czn, w,** opheliain 235
2 00 32 **alderden, m,** sportln 25
2 47 00 **alderden jzn, d,** stationswg 22
2 49 07 **alderden, a,** stationswg 24
2 56 06 **alderden, c m,** stommeerkd 9
2 56 06 **alderden, h,** stommeerkd 9
2 71 21 **alderden wzn & zn, fa p c,** stommeerkd 58
2 72 95 **alderden, p c,** stommeerkd 61, bloemist
2 70 18 **alderden azn, d,** stommeerwg 66

Eliminando as maiúsculas

Em 1925, designers modernistas queriam se livrar das caixas-altas. Para o professor da Bauhaus László Moholy-Nagy, as maiúsculas eram associadas a poder, autoridade e tradição.[37] Para os designers da Bauhaus, o texto em caixa-baixa ocupava menos espaço, então os teclados e as máquinas de escrever poderiam ser projetadas de forma mais eficiente. O tipógrafo Jan Tschichold escreveu: "Eliminação de toda letra maiúscula; uma forma de escrita e composição que é recomendada como uma nova caligrafia para todos os inovadores".[38]

A visão da Bauhaus de uma linguagem nova e mais eficaz inspirou os designers modernistas das décadas de 1950 a 1980 a trabalhar usando apenas caixa-baixa. Além dessas origens revolucionárias, isso se tornou moda. Na Holanda, Wim Crouwel elaborou uma lista telefônica totalmente em caixa-baixa para a empresa de telefonia estatal PTT. Uma escolha radical, ainda mais que a lista telefônica da época era um arquivo público muito usado para localizar o nome e o endereço de qualquer habitante.

Cidadãos de caixa-baixa

A popularidade da caixa-baixa entre os designers gráficos era por causa da eficiência, da estética e por romper com a tradição. Ao mesmo tempo, a caixa-baixa também se tornou um meio para artistas e escritores desafiarem a estrutura do texto. Um dos exemplos mais proeminentes é bell hooks, autora, ativista e feminista americana que escolheu adotar o nome da avó escrito apenas em minúsculas. Ao romper com a convenção patriarcal da linguagem, ela afirmou que é a "substância de seus livros, e não quem eu sou"[39] que deve ser enfatizada.

Nem todos os ideais da Nova Tipografia viraram realidade. Ainda usamos maiúsculas e não há indício de que nos livraremos delas tão cedo. No entanto, a herança cultural dos dois alfabetos permanece visível em todos os lugares. Como escreve Robert Bringhurst, "Antigamente, eram os agentes de reis e de divindades a exigir que os nomes deles fossem escritos em tamanhos maiores ou compostos com tipos especialmente ornamentados; hoje em dia, são as empresas e os produtos de massa que demandam uma ajuda extra das maiúsculas ou então uma fonte privativa, enquanto há certos poetas que pedem, ao contrário, para ser deixados integralmente aos cuidados da caixa-baixa vernacular".[40]

→ Wim Crouwel, PTT Telefoongids 1977–78, Holanda. Imagem: Museum voor Communicatie, Den Haag.

aalsmeer (02977)

34	**andersen, j p m,** hortensialn 88	2 09 29	**baarda, c,** marsstr 15
77	**androtex,** beethovenln 88, won text		radio veronique winkel (070) 63 00 02
06	mag, bennebroekerwg 19 rijsenhout	2 54 49	**baardse, p d,** aalsmeerderwg 55
		2 04 03	**baardse, k d,** v cleeffkd 9
50	**anema, h,** begoniastr 87	2 05 51	**baardse mzn & zn's handelskw**
10	**anema, a,** hortensialn 30		**nv, j,** legmeerdk 313/b 8, vba
34	**anema, h,** zwartewg 7		
71	**angenent, a j l,** locatellihof 9	2 42 34	kwekerij, uiterwg 188
29	**anker,** oosteinderwg 273/a, geb kerk centr	2 46 31	woonh j baardse
		2 58 43	**baardse, d,** oosteinderwg 159, bloemist
68	bgg		
15	**ansems, j m m,** rameauln 16	2 45 19	**baardse dzn, fa d,** scarlattiln 16, bloemist
26	**antal, ir m,** handelstr 46		
76	**apotheek groen,** v cleeffkd 2	2 49 88	**baardse, p,** sportln 46
51	**architecten en ingenieursbur** **berghoef,** zwartewg 3, hondius & lamers	2 28 87	**baardse, j,** h de vriesstr 64
		2 71 92	**baars-klijn, w,** anjerln 23
		2 07 35	**baars, g j,** hadleystr 23
28	**architectenbureau de heer,** legmeerdk 313	2 26 24	**baars, p th,** sportln 50
		2 38 37	**baars, p b,** h de vriesstr 96
95	**architectenbureau j tromp,** linnaeusln 76	2 53 20	**baarse, a a,** aalsmeerderwg 81
		2 55 48	**baarse, gebr a m,** aalsmeerderwg 83
89	idem		
54	bgg	2 42 49	**baarse, fa m d,** oosteinderwg 111, kwekerij
	architectenbureau a g dekker, oosteinderwg 568 (020) 45 14 57 woonh (020) 41 88 05		
		2 23 86	**baarse, a a,** oosteinderwg 276
		2 43 80	**baarse garagebedrijf,** pontwg 3
42	**arend bv, technisch bureau vd,** f a wentstr 9	2 56 98	bgg
		2 54 28	**baarse, d,** vivaldihof 27, assur ag
46	pieterse h j, serv mont		
83	**arendse, ald,** aalsmeerderwg 128	2 45 62	**baarsen, k,** helling 12, slijt en lim fabr
95	**arendse, h,** aalsmeerderwg 132		
73	**arendse, adr,** aalsmeerderwg 134	2 57 78	bgg
10	**arendse, a,** aalsmeerderwg 138	2 76 35	**baarsen, f,** kerkwg 25/a
11	**arendse, e,** aalsmeerderwg 140, telef distr a dam	2 47 78	**baarsen dzn bv, joh,** machinewg 288, bloemenhdl
	arendse, k, legmeerdk 220/a, bloemist kwekerij (020) 45 01 06	2 47 78	idem b baarsen
		2 56 74	**baarsen, joh,** oosteinderwg 109, multi flora
97	**arian mode,** v cleeffkd 13		
	ariëns, a j, oosteinderwg 563 (020) 45 81 57	2 59 98	**baarsen, j p,** oosteinderwg 121/d
		2 52 40	**baarsen, k,** ophelialn 178/a
21	**arkesteijn, j s,** dorpsstr 15, dir	2 57 78	**baarsen, k,** rozenstr 2
		2 43 62	**baarsen jr, joh,** j p thysseln 23, bloemengroothdl
13	**arnold bik, dr ir r,** j p thysseln 29		
03	**aronson, h l n,** rameauln 24	2 13 08	idem legmeerdk 313
74	**art floral,** oosteinderwg 452, j atema	2 62 83	**baartman, h,** azaleastr 10
		2 72 35	**baas, j,** wilhelminastr 42, chauff
18	**aseptafabriek delft,** oosteinderwg 259	2 08 82	**baby speciaalzaak welcome,** oosteinderwg 249
	bgg (020) 47 07 18		
45	**aslander, i,** freesialn 6	2 24 83	woonh b broeren
28	**asperen-eveleens, mw m. van,** uiterwg 399		bgg (020) 72 74 64
		2 72 59	**bader, c v m,** ophelialn 126, groent hdl
93	**assink, h p,** fuutln 32		
23	**assurantie- en admin kant p w** **poortvliet,** hadleystr 7	2 20 44	**bader, n g,** rietgorsstr 33
		2 45 74	**baerveldt-schekkerman, e r,**

Homens modernistas

Livros foram escritos, e até um filme foi feito sobre ela: a Helvetica é o tipo mais famoso do mundo – tão onipresente que mal podemos imaginar o mundo sem ele.

A Helvetica foi desenvolvida em 1956, mas suas raízes remetem aos princípios da Nova Tipografia da década de 1920. Jan Tschichold escreveu em 1928: "Um tipo emblemático da sua época, livre de todas as características pessoais". De todas as fontes disponíveis, ele escreveu que a sem serifas é "a única espiritualmente de acordo com a nossa época".[41] Os tipos sem serifas existem desde a década de 1880, mas só começaram a se tornar o estilo favorito dos designers nos anos 1930.

O começo de um novo tipo

A ascensão do comércio internacional após a Segunda Guerra Mundial exigia formas claras e bem estruturadas de comunicação. O Estilo Tipográfico Internacional aplicou os princípios de design modernista no mundo dos negócios internacionais. Massimo Vignelli, e seu escritório Unimark, e depois Vignelli Associates nos Estados Unidos, foi protagonista desse processo. Michael Bierut, que trabalhou ali por quatro anos, afirmou: "Nunca tive dúvida de que o objetivo do design gráfico era o de melhorar a vida de cada pessoa na Terra para além do imaginável ao expô-las a Helvetica num grid de três colunas. Havia essa certeza, e isso transformou o design numa cruzada".[42]

A designer Katherine McCoy teve uma experiência diferente na época em que trabalhou na Unimark, em 1968: "Naquele ano, os designers com quem trabalhei, tirando uma exceção notável, não estavam interessados nas agitações políticas e sociais ao nosso redor. A Guerra do Vietnã se intensificava, com mais mortos do que os noticiários afirmavam; a Nova Esquerda revoltou-se durante a Convenção Democrática Nacional de Chicago; Martin Luther King Jr. e Robert Kennedy foram assassinados; e Detroit estava fumegante por causa dos protestos que ocorriam uma quadra abaixo do nosso escritório. E, no entanto, quase não se falava desses assuntos. Éramos incentivados a usar jalecos brancos de laboratório, talvez para que o ambiente externo caótico não contaminasse nosso distanciamento cirurgicamente limpo".[43]

→ Imagem de Ruben Pater. Baseada em design original de Experimental Jetset © 2001.

Mitos e ideologias

A Helvetica se tornou o símbolo do design progressista com uma pitada de objetividade, e foi assim que virou a escolha padrão para a cultura corporativa e comercial. Mesmo cinquenta anos depois de ter sido criada, a popularidade da Helvetica não diminuiu entre os designers. Em 2007, lançaram o filme em sua homenagem, e estúdios de design como o Experimental Jetset deram ao tipo uma imagem mais contemporânea. Muitos já não veem a fonte como algo neutro, pois a Helvetica tem ligação forte com o design da década de 1960 e a cultura corporativa. "Nós estamos totalmente cientes de que nenhum tipo é neutro e de que a objetividade da Helvetica é um mito", afirmou o Experimental Jetset numa entrevista para a *Emigré*, em 2003.[44]

Jan Tschichold mudou de ideia em relação à Nova Tipografia depois de ter sido preso pelos nazistas em 1933 como simpatizante do comunismo. Ao longo dos anos seguintes, ele revisitou suas ideias modernistas: "Para minha surpresa, detectei paralelos chocantes entre os ensinamentos da Nova Tipografia, o nacional-socialismo e o fascismo".[45]

Novos padrões

A estética sem serifas da Helvetica ainda é vista por muitos designers como a forma tipográfica mais neutra e que mais agrada a todos, embora sua predominância seja relativamente recente e tenha ocorrido mais na Europa ocidental e nos Estados Unidos. O fato de ser vista por alguns como o tipo "universal" por excelência tem mais a ver com a influência do design modernista da Europa ocidental, com as marcas de multinacionais e com o sucesso delas no domínio de mercados globais.

Os gloriosos dias do design vistos na série *Mad Men*, vividos por ícones como Wim Crouwel, Paul Rand e Massimo Vignelli, ganharam proporções míticas para as novas gerações. Em 2014, dois designers arrecadaram dinheiro para reimprimir uma edição limitada do manual de identidade original desenvolvido pela Unimark para o metrô de Nova York em 1970. Ele contém 352 páginas de medidas, números e instruções impressas com nove Pantone® diferentes,[46] e esgotou imediatamente, mas ainda é possível recomprar exemplares por valores entre 350 e 950 dólares. Um manual técnico que foi desenvolvido para instruir trabalhadores pouco hábeis a implementar regras do design se tornou um objeto de fetiche do design nos dias de hoje.

← Imagens por Ruben Pater. Baseado em design original de Vignelli & Associates © 1972. Foto de cima: Brad Clinesmith, www.flickr.com/photos/macgodbrad/4911532101. Foto de baixo: Otto Yamamoto, www.flickr.com/photos/otto-yamamoto/8288634103.

"Parece grego, chinês hebraico, turco, árabe ⊠⊠⊠⊠⊠⊠, besteirol, jabberwocky, gobbledygook, para mim"

Falando grego até que alguém entenda

"Designers gráficos não leem" é um clichê muito difundido. Verdadeiro ou não, é comum encontrar textos sem sentido em um projeto gráfico, com palavras falsas em latim ou um texto *nonsense* repetido.

"Lorem ipsum dolor sit amet" são as primeiras palavras do texto modelo usado pela indústria de impressão e composição desde os anos 1500. Originalmente, era um texto em latim de Cícero do século I a.C. Ele foi adaptado para imitar a aparência das línguas europeias. As letras K, W e Z foram acrescentadas (pois não eram usadas no latim), e palavras foram modificadas para parecer mais aleatório. O chamado "texto frio" pode ser útil na apresentação de projetos que precisam ser julgados sem o conteúdo em si, e clientes querem ver a forma e a estrutura da tipografia sem se distraírem com a leitura de textos não relacionados. Isso é um tanto peculiar, já que a tipografia é usada para contextualizar e estruturar um texto de modo a torná-lo mais legível.

Linguagem dos bárbaros

O termo tipográfico em inglês para texto frio é "greeking" [falar grego] – assim como dizer "Isso é grego para mim" é uma expressão para descrever uma escrita ou fala incompreensível. Muitas línguas possuem ditos similares, como "Isso parece chinês", "Isso é besteirol" ou "Parece turco para mim". Palavras de sonoridade inocente, como "gobbledygook" e "jabberwocky", foram inventadas para descrever essas palavras e símbolos estranhos que não somos capazes de decifrar. Isso remonta à antiga ideia de que tudo gira em torno da nossa própria espécie e de que estamos cansados de estranhos que não conseguimos compreender e que murmuram palavras ininteligíveis.

Os gregos foram os primeiros a usar a palavra "bárbaros", quando encontraram pessoas que não compreendiam. O significado grego da palavra é literalmente o balbuciar de uma pessoa falando uma língua não grega.

Sempre que você encontrar com uma escrita desconhecida, e pensar em dizer "Parece grego", pense que os gregos provavelmente chamariam você de bárbaro.

Por favor, não me leia

Este texto tem 20 663 palavras e demora uma hora e dezesseis minutos para ser lido. São termos e condições do iTunes. Alguns textos legais semelhantes atingem até 30 mil palavras – o tamanho de um romance breve. 73% das pessoas não conseguem ler letras miúdas e, das que leem, apenas 17% compreendem o que está escrito.[47] É uma informação feita para ser ilegível, usando uma fonte pequena e densa com uma linguagem enigmática e incompreensível.

LINGUAGEM E TIPOGRAFIA

Disagree **Agree**

FALHA DE TRADUÇÃO

Tradução fracassada

O Mazda Laputa foi apresentado em 1999 como um clone do Suzuki Kei. Seu nome foi extraído do romance *As viagens de Gulliver*, de Jonathan Swift, de 1726. No entanto, o nome em espanhol significa "a puta". Ninguém ficou surpreso com o fato de que o carro não vendeu muito bem nos países de língua espanhola e que deixou de ser fabricado em 2006.

↑ Logo da Mazda © Mazda.

LINGUAGEM E TIPOGRAFIA 59

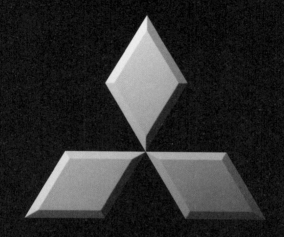

PUNHETEIRO

O Mitsubishi Pajero foi lançado em 1982 e é vendido até hoje. Seu nome é uma gíria que significa "masturbador" ou "punheteiro" em espanhol. Quando a empresa descobriu, o nome foi mudado para Montero na Espanha, na Índia e nas Américas. Em outros países, ainda usam o nome original.

↑ Logo da Mitsubishi © Mitsubishi.

FALHA DE TRADUÇÃO

Nike Alá

Nike Air Bakin', *Nike Air Grill* e *Nike Air B-Que* eram os nomes dos novos tênis que chegariam às lojas no verão de 1997. Infelizmente, o design do logo flamejante do Nike Air era muito similar à palavra Alá na escrita árabe (الله), o que causou uma enxurrada de reclamações da comunidade muçulmana. A Nike concordou em proibir a venda e fez um *recall* de 800 mil tênis. A empresa emitiu um pedido de desculpas e inaugurou um comitê de controle para prevenir problemas similares no futuro.[48]

Um porta-voz da Nike afirmou: "Através desse processo, compreendemos melhor as preocupações e as questões islâmicas... À medida que nossa marca continua expandindo, precisamos aprofundar nossa consciência a respeito das outras comunidades ao redor do mundo".[49]

O que um domínio tem de especial?

WWW.BUDGET.CO.CK
WWW.TEACHERSTALKING.COM
WWW.CHILDRENSWEAR.CO.UK
WWW.KIDSEXCHANGE.COM
WWW.PENISLAND.NET
WWW.POWERGENITALIA.COM
WWW.ANALEMMA.ORG
WWW.THERAPISTFINDER.COM
WWW.SWISSBIT.CH
WWW.MASTERBAITONLINE.COM
WWW.CHOOSESPAIN.COM

Você é dono de uma empresa e está buscando um domínio. Marcas cuidadosamente escolhidas podem ganhar associações inesperadas na hora de criar um domínio pelo fato de que não são escritos com maiúsculas. Tente adivinhar o nome das empresas que compraram os domínios citados acima.[50]

SUMÁRIO

COR
E
CONTRASTE

As cores estão nos olhos de quem vê 64
Sistema de cores 66
O preço da cor 70
Psicologia das cores 74
Cor e cultura 75
Cores nacionais 79
Cor e gênero 80
A história das cores em preto e branco 83
Colorir ou não colorir 87
Shirley e as "china girls" 90
O rosto da tecnologia da imagem 93

PERCEPÇÃO DA COR

As cores estão nos olhos de quem vê

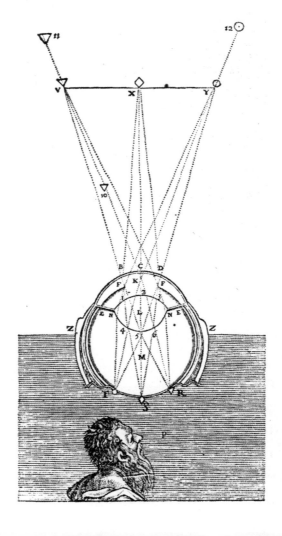

As cores que vemos na verdade são resultado do recebimento de diferentes comprimentos de ondas de luz pelos receptores em nossos olhos. O cérebro interpreta esses comprimentos de onda como matizes de cor. Temos três receptores diferentes de cores, chamados de cones: o de ondas de comprimentos curtos é o azul; o de médios, o verde; e o de longos, o vermelho. Eles são responsáveis pelas cores de todos os nomes e categorias encontradas na história.

O olho humano é teoricamente capaz de distinguir entre 7,5 e 10 milhões de matizes.[1] Cerca de 8% dos homens e 0,5% das mulheres possuem algum tipo de daltonismo. Há dois principais tipos de daltonismo: o que impede pessoas de distinguir o vermelho e o verde (deuteranopia e protanopia) e o que impossibilita a distinção do verde e do azul (tritanopia). O daltonismo é quase cem vezes mais provável em homens do que em mulheres, pois é herdado através do cromossomo X. É uma condição muito mais comum do que se imagina, então é importante que os projetos de design não dependam apenas da diferenciação de cores.

VERMELHO	VERMELHO	VERMELHO
LARANJA	LARANJA	LARANJA
AMARELO	AMARELO	AMARELO
VERDE	VERDE	VERDE
AZUL	AZUL	AZUL
ROXO	ROXO	ROXO
Deuteranopia	Protanopia	Tritanopia
6,1% de homens	2,45% de homens	0,011% de homens
0,36% de mulheres	0,04% de mulheres	0,04% de mulheres

Os comprimentos de onda que os seres humanos podem enxergar ficam entre 380 nm e 720 nm na escala.[2] A maneira como as cores são percebidas depende do observador. Os seres humanos possuem três receptores de cores, enquanto alguns animais possuem quatro ou até seis e são capazes de ver cores que os humanos não enxergam. Alguns animais, como as abelhas, possuem um receptor adicional sensível à luz ultravioleta.

← Ilustração da teoria da imagem retinal. René Descartes. *La Dioptrique*. Leiden, 1637.

Sistema de cores

Sir Isaac Newton foi a primeira pessoa a usar um prisma triangular, em 1676, para transformar a luz branca em diferentes cores. Ele provou que a cor é parte da luz em si, algo que se discutiu por anos. Newton foi o primeiro a usar a palavra "espectro" para a gama de cores produzidas pelo prisma. De Aristóteles, em 550 a.C., aos dias de hoje, cientistas e artistas tentaram descrever e organizar o espectro de cores visível aos humanos em um sistema harmônico. Embora sistemas como CMYK e RGB tenham muitos usos práticos na indústria, a diferenciação de cores e a criação de categorias são, na verdade, algo que depende muito da cultura.

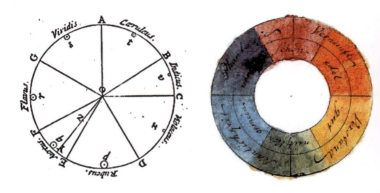

Os maias e os incas da Mesoamérica tinham categorias de cores desconhecidas para o resto do mundo. Os maias tinham um nome para a cor específica entre o azul esverdeado e o verde, que era usado para dar nome a objetos incrustados com mosaicos de jade ou turquesa.[3]

O quéchua, língua inca, tinha um nome para a combinação de preto e branco, o que sugere uma referência aos vários padrões de xadrez preto e branco encontrados nos tecidos.[4]

A determinação de alguns europeus na busca de uma verdade universal nos sistemas de cores levou a descobertas inesperadas. Em 1971,

↑ O círculo de cor de Newton. Isaac Newton. *Opticks*, 1704, do Livro I, Parte II, Proposta VI, 1704.
↗ O círculo de cor de Goethe. Johann Wolfgang von Goethe. *Zur Farbenlehre*, 1810.

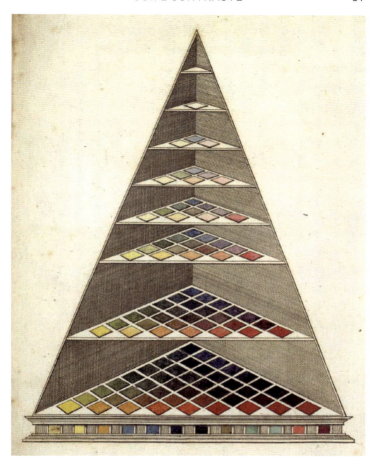

dois antropólogos dinamarqueses chegaram à ilha Bellona, na Polinésia, armados com um livro de esquemas de cores. Um nativo disse a eles: "Não falamos de cores aqui".[5] A crença de que existem sistemas universais de cores compartilhados por todas as culturas é uma ideia romântica originada na Europa ocidental, no século XIX.

↑ J. H. Lambert. *Beschreibung einer mit dem Calauschen Wachse ausgemalten Farbenpyramide.* Haude und Spener, 1772.

CULTURA DE CORES

Por vários séculos, os padrões de beleza foram as esculturas da Grécia antiga de mármore claro e bronze. Só que a quintessência da estética na escultura ocidental foi baseada num equívoco.

↑ *Calígula* (37–41 d.C.), mármore, altura: 28 cm, Ny Carlsberg Glyptotek, Copenhaguen, Dinamarca. n. inv. IN 2687.

Nos anos 2000, ao analisar obras com raios X, infravermelho e luz ultravioleta, cientistas provaram que as esculturas gregas na verdade tinham cores fortes. Leia mais sobre em trackingcolour.com.

↑ *Calígula* (reconstrução), 37–41 d.C. (2011), mármore, altura: 28 cm, Archäologischen Institut der Universität Göttingen und Stiftung Archäologie, Munique. n. inv. IN 2687.

O preço da cor

Antes do século XIX, os pigmentos eram feitos de minerais, animais e plantas. Fabricar tintas naturais era uma tarefa custosa, que consumia bastante tempo. Só os patronos mais ricos dispunham dos pigmentos mais intensos, como ultramarino, dourado e vermelhão.

A tinta dourada era feita de ouro de verdade, em pó, misturado com goma-arábica. Já a folha dourada era obtida martelando-se um pedaço de ouro até obter uma camada muito fina, de menos de meio milímetro. Ultramarino era uma das cores mais caras e desejadas. Esse pigmento de azul intenso era criado a partir de uma pedra dura de lápis-lazúli, que na época só podia ser minerada na região que hoje é o Afeganistão. Possuir pinturas com essas cores era um sinal de grande riqueza.

↑ *Virgem Maria*, pintada por Giovanni Battista Salvi Di Sassoferato entre 1640 e 1650 com ultramarino. National Gallery, Londres.

No México pré-colombiano, os astecas e os maias produziram uma tinta vermelha muito especial chamada *cochinilla*, nome que identificava também os insetos do cacto nopal de onde vinha o pigmento, depois de passar por um longo processo. Os astecas e os maias a usavam para pintar seus templos de um vermelho intenso. Após a invasão dos espanhóis, o pigmento passou a ser exportado para a Europa e, em pouco tempo, virou o segundo produto mais valioso da colônia mexicana, abaixo apenas da prata. Ao final do século XIX, a invenção das tintas sintéticas reduziu de forma significativa o custo dos pigmentos. Mas a cochonilha continua sendo usada como corante natural para cosméticos e alimentos.

Embora não sejam tão atraentes quanto o ouro e o ultramarino, algumas cores são mais caras que outras. Tintas fluorescentes ou que brilham no escuro exigem uma pigmentação maior. As douradas e as prateadas contêm partículas metálicas, o que as deixa mais opacas do que as outras tintas de impressão. As mais vivas continuam sendo as mais caras.

↑ O deus asteca Quetzalcoatl (a serpente emplumada). Colorida com cochonilha, *Codex Magliabechiano*, c. século XVI, México.

Jogue comida, não bombas

Ambos os objetos são amarelos, mas um contém uma refeição de 2 mil calorias e o outro é capaz de matar qualquer pessoa num raio de 50 metros. Em 2001, os Estados Unidos jogaram bombas de fragmentação no Afeganistão na guerra contra o Talibã. Uma a cada dez unidades não explodiu, tornando-se uma ameaça às pessoas no solo. Ao mesmo tempo, jogaram também alimentos, em embalagens da mesma cor e com a mesma tipografia que a usada nas bombas. Em novembro de 2001, o governo americano se deu conta do equívoco e mudou a cor das refeições para rosa. Entregaram panfletos explicando a diferença. Mas, antes disso, mais de 1 milhão de refeições já haviam sido jogadas.[6]

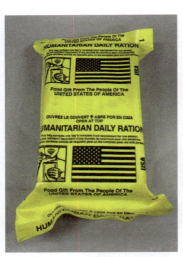

↑ Ração humanitária diária (HDR). Foto: Bill Dugan.
↗ BLU-97/B, unidade de bomba de fragmentação. Foto: Adam Newsome.

FRENTE   VERSO

↑ Panfletos mostrando como diferenciar uma bomba de um pacote de comida. Imagem: CNN.

Pare no amarelo

Em 1924, antes de os sinais de "pare" serem vermelhos, uma versão amarela era usada nos Estados Unidos. Isso foi antes de as tintas vermelhas refletivas estarem disponíveis, e o amarelo tinha uma visibilidade melhor que o vermelho, especialmente à noite. Em 1954, todos os sinais de "pare" foram pintados com tinta refletiva vermelha.

Psicologia das cores

A maneira como as pessoas reagem às cores é de grande interesse para quem trabalha com marketing. As pesquisas em psicologia das cores muitas vezes foca no modo como a cor de uma marca ou de um produto produzirá um número maior de vendas e nas preferências de determinada faixa etária ou cultura.

O estudo dos efeitos psicológicos da cor coincidiu com as teorias das cores de modo geral. Goethe tratou da experiência da cor em seu *Doutrina das cores*, de 1810,[7] em oposição à abordagem racional de Isaac Newton. Goethe, com a colaboração de seu amigo e conterrâneo Schiller, associou cores a valores: vermelho para beleza, amarelo para o bem, verde para o útil e azul para o comum. A psicologia da Gestalt do início do século XX também atribuía emoções universais às cores, e essa teoria era lecionada aos estudantes da Bauhaus por Wassily Kandinsky.

O mais conhecido teste de psicologia das cores foi conduzido por Max Lüscher na década de 1940, quando ele testou a resposta das pessoas a uma série de cartões coloridos. Um psicólogo interpretava o caráter do indivíduo com base nos resultados do teste. Há muita discussão acerca dessa pesquisa, pois não é possível saber se as pessoas respondem às cores ou ao conceito cultural delas. É mais provável que o contexto cultural, nossa formação e preferências pessoais influenciem nossa interpretação das cores mais do que qualquer outra coisa.[8]

Provou-se que algumas descobertas da psicologia das cores funcionam de fato. Cores mais "frias" podem acalmar pessoas, e é por isso que hospitais e cadeias muitas vezes são pintados com um esverdeado suave. Outra pesquisa mostrou que a cor dos comprimidos placebos influencia sua eficácia. Comprimidos azuis funcionam melhor como depressores e vermelhos, como estimulantes.[9]

Cor e cultura

Uma pesquisa mostrou que 98 línguas possuem palavras para as mesmas onze cores básicas;[10] no entanto, o significado de cada cor pode ser muito diferente. Há teorias conflitantes a respeito da possibilidade de categorizar os significados culturais das cores, pois significados podem mudar com o tempo e dependem de contexto. O preto pode ser a cor do luto em muitos países, embora um livro de capa preta ou um cartaz preto não sejam sempre associados com a morte. Outro exemplo: as noivas na China tradicionalmente usam vermelho, mas muitas passaram a usar branco nas últimas décadas.[11] O significado cultural das cores não é estável, está em constante transformação. As páginas a seguir listam alguns deles.

Preto

era a cor do luto durante o Império Romano; no judaísmo e no cristianismo, é associada à morte e ao mal. Durante a Idade Média, as vestimentas pretas se tornaram populares e, na Renascença, eram usadas por ricos e nobres em toda a Europa. No século XIX, Exército Negro era o apelido dos anarquistas russos. No século XX, o preto se tornou a cor do fascismo italiano e alemão, e as pessoas eram chamadas de camisas-negras. No xiismo islâmico, o preto é uma cor de devoção. O estandarte preto é uma das bandeiras de Maomé no islamismo e foi apropriado como um símbolo do jihadismo no fim da década de 1990.

Branco

é a cor da morte e do luto na China, no Vietnã e na península Coreana. Na Índia, pessoas trajam branco após a morte de um membro da família. Religiões judaicas, cristãs e hindus usam a cor branca em rituais para indicar pureza, castidade, virgindade e paz. O branco é a cor tradicional dos vestidos de noiva nas culturas ocidentais. Na Europa, foi historicamente associado à monarquia absolutista. No século XX, tornou-se sinônimo do anticomunismo e dos movimentos contrarrevolucionários na Rússia. A pomba branca é o símbolo internacional de paz, e a bandeira branca é o símbolo internacional de rendição.

Amarelo

é a cor mais visível à distância e por isso costuma ser usada em coisas que precisam chamar a atenção, como ambulâncias, equipamento de manutenção de estradas e táxis. Na Ásia oriental, o amarelo é considerado sagrado e imperial. Na China, é a cor da realeza e, durante a dinastia Qing, só membros da casa imperial tinham permissão para usar amarelo. Lá, ainda é visto como cor de alegria, glória, sabedoria e harmonia. Amarelo é uma das cores da Igreja católica e do Vaticano, usada para simbolizar o ouro. Amarelo em italiano é *giallo*, como são chamados os contos policiais. Os protestos nas Filipinas em 1986 ficaram conhecidos como Revolução Amarela.

Laranja

vem da palavra em sânscrito para laranjeira. Na Ásia, é conhecida como açafrão por causa da especiaria. No hinduísmo, a divindade Krishna é retratada vestindo açafrão. No budismo, açafrão é a cor da iluminação, o estágio mais alto da perfeição, e a cor das vestes dos monges. Fitas laranja são usadas para promover a prevenção da automutilação. Na Irlanda do Norte, a ordem protestante é conhecida como Homens Laranja, que se vestem com essa cor durante as marchas anuais. O laranja é a cor da monarquia holandesa e, na África do Sul, era a cor do partido dominante durante o apartheid. Prisioneiros muitas vezes se vestiam de laranja para facilitar sua localização numa tentativa de fuga.

Vermelho

na mitologia grega, era a cor do planeta Marte e do deus da guerra. Vermelho é a cor mais importante na China, onde significa boa sorte e felicidade. A cor simboliza vida longa e é usada nas celebrações do ano-novo chinês. No Japão, um quimono vermelho também simboliza felicidade e boa sorte. Na religião xintoísta japonesa, é o símbolo da vida. Vermelho é a cor tradicional para as noivas na Índia e no Nepal. A palavra russa para a cor tem a mesma raiz que a palavra "belo". O símbolo mais antigo do socialismo é a bandeira vermelha, e a cor é associada a partidos socialistas e comunistas por todo o mundo até hoje. Camisas vermelhas, ou movimento vermelho, era o nome daqueles que se opunham ao golpe militar de 2006 na Tailândia.

Verde

é a cor da natureza em muitas culturas. Rituais antigos giravam em torno da esperança de uma boa colheita com vegetais verdes. É a cor tradicional do islã, a cor do profeta Maomé; por isso, tantas bandeiras no mundo islâmico são verdes. Desde a década de 1980, tornou-se a cor dos partidos e das organizações ambientalistas. Partidos verdes na Europa têm pautas baseadas na ecologia e no meio ambiente. A palavra *greenwashing* é usada para descrever a propaganda de empresas que usam práticas ambientais positivas para encobrir atividades prejudiciais ao meio ambiente. Um "quarto verde" é usado na televisão e no teatro para acalmar atores nervosos.

Azul

foi testado como a cor preferida em muitas culturas[12] e por isso se tornou a cor predominante nos negócios internacionais. As Nações Unidas o escolheram em 1946, mesmo sem nenhuma justificativa especial. *Bluewashing* é um termo usado para indicar empresas que entram na "Iniciativa de Impacto Global" da ONU apenas por motivos publicitários. O trabalhador de "colarinho-azul" é uma referência a pessoas que fazem trabalho manual. Os tuaregues do norte da África usam turbantes azuis, pintados com índigo. O azul é a cor nacional da Itália, e o time de futebol do país é chamado de *Azzurri*. Várias línguas, como japonês, tailandês, coreano e sioux dacota, usam a mesma palavra para descrever azul e verde.

Roxo

era o corante mais caro no período romano e era trajado por magistrados romanos, imperadores bizantinos e os líderes do Sagrado Império Romano. Durante o reinado de Elizabeth I, só a realeza podia usar roxo na Inglaterra. Bispos católicos romanos ainda usam roxo como cor da realeza. No Japão, a cor é tradicionalmente associada ao imperador e à aristocracia. Na Tailândia, viúvas enlutadas vestem roxo. Na política ocidental, a cor é neutra e usada para coalizações entre partidos de esquerda e de direita. O movimento sufragista usava roxo, e a cor foi adotada em 1970 pelo movimento de libertação das mulheres. Roxo e rosa são associados à comunidade LGBT.

CORES NACIONAIS

78

21h54, 28 de setembro de 2005, por Zscout370

23h46, 27 de setembro de 2008, por Flad

08h00, 5 de fevereiro de 2006, por Denelson83

22h01, 9 de outubro de 2008, por Avala

21h33, 12 de fevereiro de 2006, por Vzb83

19h02, 10 de outubro de 2008, por Flad

13h36, 23 de setembro de 2007, por Flad

21h43, 10 de outubro de 2008, por Reisio

01h45, 27 de setembro de 2008, por MaggotMaster

21h08, 26 de setembro de 2011, por Zscout370

COR E CONTRASTE

Cores nacionais

Com Yuri Veerman

A bandeira é o símbolo mais proeminente de identidade nacional desde o século XIX. Uma nova bandeira nacional marca uma revolução ou uma mudança política. Bandeiras têm origem militar e eram usadas para identificar unidades militares entre as legiões romanas.

Bandeiras nacionais diferentes podem usar cores similares, às vezes com os mesmos significados. 38% das bandeiras nacionais ao redor do mundo usam vermelho, o que simboliza o sangue derramado na luta pela independência ou no campo de batalha. Uma das combinações de cores mais utilizada é vermelho, branco e azul (Chile, Panamá, Rússia, Samoa, Reino Unido, Tailândia etc.), e o azul costuma simbolizar a dominação por céu ou mar.[13]

Muitos países africanos usam vermelho, preto e verde nas bandeiras. Isso deriva da bandeira pan-africana de 1920.[14] O vermelho simboliza o sangue derramado na libertação, o preto é pelo povo africano e o verde mostra a riqueza natural do continente.

Existem poucas bandeiras monocromáticas. O Marrocos teve uma com um vermelho intenso há mais de duzentos anos. O Afeganistão adotou uma completamente preta no fim do século XIX. E, durante o reinado do Talibã em 1996, usou uma totalmente branca.

A última bandeira monocromática remanescente era a da Líbia, um verde liso, sem marcas ou insígnias. A bandeira verde foi uma escolha pessoal de Muamar Al-Qaddafi, cujo manifesto era chamado de "Livro Verde". O artista Yuri Veerman colecionou as diferentes versões digitais da bandeira da Líbia que foram usadas na página da Wikipédia em inglês, "Flag of Lybia". Entre 2005 e 2011, a representação cromático-cado do país foi revisada quinze vezes, cada uma com uma tonalidade diferente de verde. Depois de uma guerra de seis anos em busca da tonalidade correta, ou o "verde Qaddafi", uma décima quinta revisão foi feita, marcando a queda do regime líbio e da última bandeira monocromática, em 2011.

← Yuri Veerman, "Lybia in Translation", 2012.

Cor e gênero

Por que rosa é cor de menina e azul, de menino? No século XIX, garotas e garotos usavam branco porque era mais fácil lavar. Depois da Primeira Guerra Mundial, lojas de departamentos nos Estados Unidos perceberam que poderiam ganhar mais dinheiro se os produtos de bebê fossem específicos para cada gênero. Os tons pastel estavam na moda, mas se decidiu que o cor-de-rosa seria para meninos e o azul, para as meninas.

Na década de 1940, pesquisas de mercado no país sugeriram que as cores deveriam ser invertidas, e a geração *baby boom* foi a primeira na qual as garotas usaram rosa e os meninos, azul.[15]

COR E CONTRASTE 81

Crianças não estão cientes do próprio gênero até os seis ou sete anos de idade.[16] Expô-las a estereótipos visuais tão cedo cria uma consciência artificial de gênero. Desde que os pais passaram a saber o sexo da criança antes do nascimento, produtos para bebês com marcação de gênero ficaram mais populares. Os pais acumulam esses itens antes mesmo do nascimento da criança. Jeongmee Yoon escreveu uma tese sobre cor e gênero e fotografou crianças ao redor do mundo com seus objetos azuis ou rosa.

↙ Sehyun e suas coisas rosa, 2007.
↓ Jake e suas coisas azuis, 2006. Jeongmee Yoon, *The Pink Project*, 2005 – em andamento.

COR E CONTRASTE

A história das cores em preto e branco

"Olhe em seus dicionários os sinônimos da palavra 'preto'. É sempre algo degradante, baixo e sinistro. Olhe a palavra 'branco', é sempre algo puro, elevado e limpo." – Martin Luther King Jr., 1968.[17]

Na teoria das cores, o branco é a soma de todas as cores, enquanto o preto simboliza a ausência de luz. O branco é a cor de fundo padrão: uma folha branca de papel. Na impressão, o branco é desprovido de cor, enquanto o preto é a cor com mais tinta possível. O preto absorve toda a luz, equivalendo à escuridão e à sombra. Essa oposição pode ser encontrada ao longo da história do simbolismo das cores.

Nas religiões cristãs e judaicas, o branco é sinônimo de limpeza, de luz, de segurança e do bem. É usado em oposição ao preto, de forma tanto simbólica quanto literal. O preto é sujo e representa perigo e escuridão. Anjos são retratados em branco, demônios em preto.

Como isso se relaciona ao racismo? Não existem pessoas com pele de fato branca ou preta. As tonalidades de pele são variantes de matizes marrom e rosa. Europeus passaram a se chamar de brancos na mesma época em que africanos eram vendidos como escravos.[18] A classificação dos africanos como negros e dos europeus como brancos estabeleceu a hierarquia racial necessária para legitimar a exploração e a escravidão.

Hoje encontramos a mesma oposição simbólica na cultura visual. A Cinderela tem cabelo claro, e suas irmãs e madrasta possuem cabelo escuro. Em *Star Wars*, Luke Skywalker é o herói de cabelo claro e pele branca, enquanto seu oponente do mal, Darth Vader, veste preto.[19] Embora isso possa ocorrer de forma inconsciente, a oposição binária entre bem e mal ainda habita cada canto de nossa linguagem visual. Reafirmar esses estereótipos na comunicação visual é dar continuidade a ideias colonialistas das relações entre raças.

← Imagem: i.imgur.com. Meme baseado no desenho *Family Guy*. Criado por Seth McFarlane, 20th Century Fox Television.

"Pesquisar – em livros, museus, jornais, anúncios, filmes, programas de televisão, softwares etc. – nos mostra constantemente que os brancos predominam de maneira avassaladora e desproporcional e ocupam os papéis principais e mais elaborados na representação ocidental. Acima de tudo, surgem como a norma, o comum, o padrão."

– Richard Dyer, *White*, 1997.

COR E CONTRASTE 85

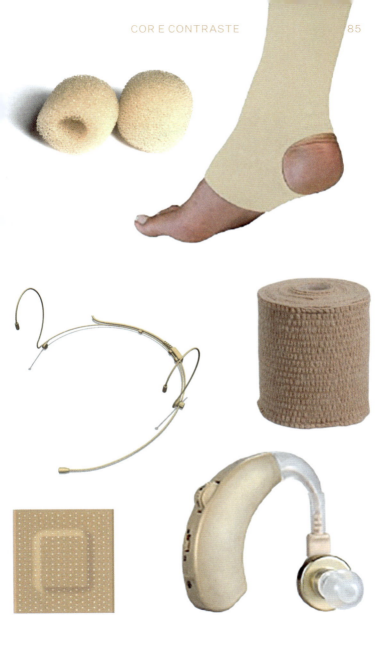

COR E CONTRASTE

Colorir ou
não colorir

É possível ter medo da cor? A indústria cinematográfica com certeza vivenciou seu momento de pavor. A tecnologia estava disponível desde 1915, mas só foi amplamente adotada na década de 1960, depois que a televisão passou a ser transmitida em cores. Usar filme colorido era extremamente caro, porém o mais importante é que era considerado de menor valor artístico que o preto e branco. Acreditava-se que as cores distrairiam as pessoas do enredo, e os filmes coloridos não seriam capazes de mostrar na tela as cores que se viam na natureza com fidelidade.[20]

Na fotografia e na publicidade, a correção de cores é usada rotineiramente para intensificar cores, tornando as imagens mais impressionantes. Mas essa técnica também pode colocar em xeque a legitimidade da imagem. No ocidente, o senso comum é de que as cores devem ser exibidas da maneira mais realista possível.

O arquiteto e fotógrafo palestino Yazan Al-Khalili usa intencionalmente o recurso da correção de cores para alterar a percepção da Palestina na mídia. À esquerda está sua imagem do campo de refugiados Al-Amari, perto da cidade de Ramallah. Campos de refugiados palestinos costumam aparecer na mídia como cenários cinzentos e devastados.

Al-Khalili: "Mudar as cores do campo de refugiados é um ato simbólico para suprir a perda – como uma criança pintando um livro de colorir – e para oferecer a possibilidade de esperança. Aqui estou tentando me apropriar de um cenário urbano que nos lembra da tragédia – da existência deles e de nosso desaparecimento – para subverter a memória, transformando-a em um futuro desejado".[21]

O ato de colorir também pode brincar com as convenções sociais e a percepção. Ryan Hunter e Taige Jensen, de Nova York, criaram livros de colorir para adultos. Segundo Hunter e Jensen, eles "preparam você para a dura realidade da vida adulta, uma vez que os livros de atividades na sua juventude irresponsavelmente não o fizeram. Mostrar que, num mundo que é tantas vezes preto e branco ou vermelho e azul, muitas vezes basta acrescentar algumas cores à sua paleta".[22]

← Yazan Al-Khalili, *Colour Correction II – Camp Series*, 2007–10.

88   COLORINDO

CELEBRE O ANO-NOVO CHINÊS COLORINDO A PESSOA CHINESA

(Lembre-se, há coreanos, japoneses, filipinos e outras raças asiáticas nesta página!) Colorir apenas a pessoa chinesa!

↑ Ryan Hunter e Taige Jensen, *Coloring for Grown-ups*, 2012–15.

COR E CONTRASTE 89

HIPSTER ou MENDIGO?

USE UMA CANETA MARCA-TEXTO PARA TORNAR O HOMEM À DIREITA INVISÍVEL PARA A SOCIEDADE!

DICA SECRETA Embora tanto os hipsters como os mendigos compartilhem o amor por barbas, roupas velhas e sujeira, a maioria dos hipsters revela sua identidade real graças a seu compromisso irredutível com a combinação de cores.

Shirley e as "china girls"

Não ficou claro o que aconteceu com Shirley. O que sabemos é que ela trabalhou na Kodak na década de 1950 e foi a primeira modelo a posar para um cartão de teste da empresa. Esses cartões eram usados como um padrão para calibrar as cores do filme com os tons de pele e as barras de cores. Depois da Shirley, outras mulheres assumiram o lugar dela, mas os cartões ficaram conhecidos como "cartões Shirley".[23] A mulher precisava ter uma pele clara, "suave como porcelana". Como porcelana é "china" em inglês, daí veio o apelido de "china girls" para as mulheres que trabalhavam na indústria cinematográfica e apareciam nos cartões de teste para os filmes.

Os filmes Kodak usados das décadas de 1950 a 1970 eram calibrados para pessoas com pele clara e não se mostravam adequados para retratar raças diferentes juntas. Quando havia uma pessoa negra e uma branca na mesma imagem, uma delas apareceria clara ou escura demais.[24] O diretor Jean-Luc Godard se recusou a usar filmes Kodak em 1977 quando encomendaram a ele um longa rodado em Moçambique, pois, de acordo com ele, o filme era "racista".

Em 2012, os fotógrafos Adam Broomberg e Oliver Chanarin procuraram examinar a "noção radical de que o preconceito pode ser inerente ao meio fotográfico", no projeto *To Photograph the Details of a Dark Horse in Low Light*[25] [Fotografar os detalhes de um cavalo negro com pouca luz].

Imagens de teste são desenvolvidas para representar um modelo, um conjunto de padrões para análise de imagem ideal. Mas as ferramentas nunca são completamente neutras, e suas configurações refletem o viés cultural dos técnicos que as calibram. No projeto, Broomberg e Chanarin mostram como as ferramentas usadas para a produção de imagens não são desprovidas de preconceitos.

Por volta da década de 1980, os filmes Kodak foram configurados para retratar tons mais escuros de maneira mais adequada. Não por causa de denúncias de racismo, e sim porque os clientes reclamaram que chocolate e cavalos negros apareciam escuros demais em suas fotos.[26]

→ *To Photograph the Details of a Dark Horse in Low Light (Shirley 1)*, Adam Broomberg & Oliver Chanarin, 2012. Cortesia dos artistas e de Lisson Gallery, Londres.

COR E CONTRASTE 91

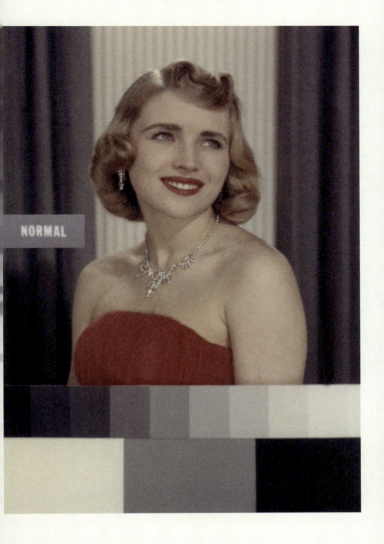

TESTE DE IMAGEM

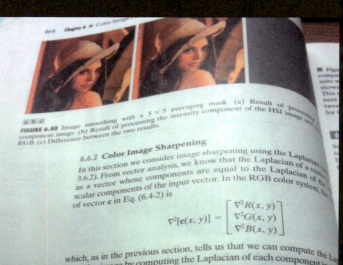

↑ Foto do manual *Digital Image Processing: Second Edition*.
↑ Imagem: Ana Huamán, *Cascade Classifier*. Divisão de Ciências Naturais e Engenharia, Faculdade Swarthmore, 2014.

O rosto da tecnologia da imagem

Ela está na faixa dos sessenta anos, mas, para os técnicos de imagem, terá sempre 21. "Lenna", como é conhecida na internet, é uma lenda no mundo da tecnologia da imagem. Seu retrato foi usado pela primeira vez na University of Southern California, no Instituto de Processamento de Imagem e Sinal (SIPI), em 1973. Os técnicos de imagem estavam cansados de utilizar os testes de sempre. Quando alguém entrou lá com uma revista, eles escanearam o retrato e passaram a usá-lo.

Foi assim que Lenna se tornou a favorita entre eles. Ela é considerada o padrão para software de testes de imagem e de ferramentas on-line e até apareceu em manuais para estudos técnicos.[27]

O que muitas vezes se ignora é que o retrato é um recorte de novembro de 1972 da *Playboy*, mostrando a estrela do mês, Lena Söderborg. Apesar da popularidade da imagem, o uso de um retrato levemente erótico como padrão técnico é muitas vezes citado como exemplo do machismo no mundo predominantemente masculino da informática.

No seu décimo quinto aniversário, a Society for Imaging Science and Technology deu a Lenna o título de "Primeira-dama da internet".[28]

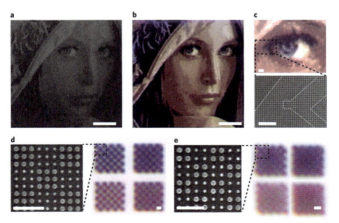

↑ Imagem de: Karthik Kumar, Huigao Duan, Ravi S. Hegde, Samuel C. W. Koh, Jennifer N. Wei, "Print Colour at the Optical Diffraction Limit". *Nature Nanotechnology* 7, pp. 557–661, ago. 2012.

SUMÁRIO

IMAGEM E FOTOGRAFIA

Questões de perspectiva ... 96
Diferenças culturais ... 99
Morte por Photoshop ... 104
Cobrindo o corpo ... 107
Criminosos perfeitos ... 110
O mundo é dos homens ... 113
Os novos Masai ... 117
Falsa diversidade ... 120
Algumas culturas são maiores que outras ... 123
A família da humanidade ... 124
Roubos culturais ... 126

Questões de perspectiva

Simular a profundidade por meio da perspectiva foi uma técnica de representação desenvolvida na Itália no século XIII. Pela primeira vez, alguém foi capaz de estar no centro do mundo ao olhar para uma imagem. Isso influenciou de forma significativa o conceito do homem no cosmos. Com o desenvolvimento da perspectiva, o ser divino já não era mais a medida para todas as coisas, e é por isso que a nova perspectiva foi inicialmente rejeitada por tantas pessoas.

As crianças desenham figuras de vários pontos de vista simultaneamente de forma instintiva. Criar profundidade numa superfície plana por meio do desenho em perspectiva não é algo universal, mas uma habilidade cultural que se aprende.[1]

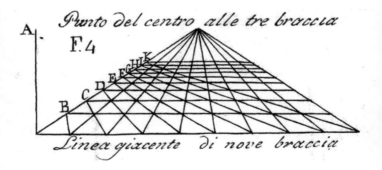

Isso não significa que as imagens com diferentes formas de representação são menos sofisticadas num sentido artístico ou técnico. A arte japonesa desenvolveu maneiras singulares de representar profundidade muito diferentes das convenções ocidentais de perspectiva. Em *Visual and Visuality* [Visual e visualidade], Norman Bryson analisa a perspectiva no tipo de pintura japonesa na qual se joga tinta, Ch'an: "No caso desse tipo de pintura, a solução Ch'an é desfigurar a imagem, a visão bipolar, ao abrir-se para a força da aleatoriedade". E, "quando o pintor ou calígrafo joga a tinta, ele renuncia à reivindicação de agir como o centro universal".[2]

IMAGEM E FOTOGRAFIA

A capacidade de enxergar profundidade numa imagem está relacionada à experiência visual do observador. Se você foi exposto a poucas imagens, terá menos recursos para a decodificá-las. Nos anos 1960 e 1970, antropólogos descobriram que algumas pessoas que viviam em áreas remotas não eram capazes de enxergar profundidade nas imagens. Num teste realizado em 1960 muito citado por Hudson,[3] perguntaram a um grupo de trabalhadores analfabetos da África do Sul o que o homem representado em um desenho estava fazendo: 91% deles interpretaram "errado" a profundidade na imagem e responderam que o homem estava jogando uma lança no elefante – o que mostra como a perspectiva é uma convenção ocidental que não pode ser universalmente aplicada. É importante dizer que esse exemplo é dos anos 1960, e a pesquisa não é válida para o contexto sul-africano atual; ainda assim, ela demonstra a relatividade da perspectiva.

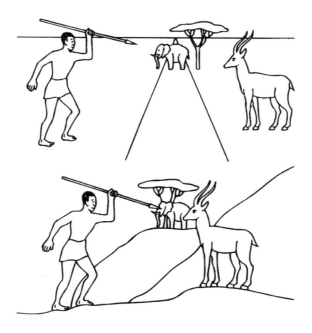

↑ W. Hudson. "Pictorial Depth Perception in Sub-Cultural Groups in Africa". *Journal of Social Psychology*, p. 52, 1960.
↖ Leon Battista Alberti. *Della architettura, della pittura e della statua*. Istituto delle Scienze, 1782.

Pintando a história

Após a Guerra Civil mexicana em 1920, um novo governo, que propunha uma sociedade mais igualitária, foi eleito. Os séculos de história indígena haviam sido ignorados pelos anos da ditadura. Dois terços da população era analfabeta[4] e, em sua maioria, não conhecia a história do país. Uma série de murais sobre a história do México foi encomendada ao pintor mexicano Diego Rivera para o Palácio Nacional, na Cidade do México. Estes e outros murais tornaram a história do México acessível a todos os cidadãos, alfabetizados ou não.

↑ Diego Rivera, murais no Palácio Nacional, Cidade do México (1929–35). Foto: Ruben Pater.

Diferenças culturais

Como se comunicar com diferentes culturas e evitar equívocos? Psicólogos, cientistas da comunicação e antropólogos tentam encontrar uma resposta há décadas, mas até agora não conseguiram. As culturas são tão complexas que classificá-las por regiões, países, raças ou religião apenas reafirma estereótipos e impede um entendimento mais amplo.[5] Ao mesmo tempo, as sociedades estão se tornando cada vez mais diversas culturalmente, e os designers não podem assumir que seu público compartilha os mesmos valores e linguagem visual.

A comunicação visual entre uma cultura e outra lida com a alfabetização visual, a capacidade de ler e de entender imagens. Assim como a alfabetização verbal, precisa ser aprendida. Ela é influenciada por nossa experiência, pela quantidade de imagens que vimos, mas, acima de tudo, por nossa formação cultural. Cada cultura lê as imagens de maneiras muito diferentes,. Isso pode levar a mal-entendidos, tanto entre culturas que estão a milhares de quilômetros de distância como também entre dois vizinhos na mesma rua.

Um exemplo é como os retratos são percebidos. Na história da arte europeia ocidental, o retrato é um tema proeminente e se expandiu até se tornar uma convenção fotográfica na publicidade, em revistas e cartazes. No entanto, nas culturas menos focadas no indivíduo, a imagem de cada um não pode ser desconectada da comunidade na qual a pessoa está inserida. Em tais circunstâncias culturais, retratos individuais podem ser associados a solidão e isolamento, em vez de a empoderamento.[6]

Outro exemplo é a convenção de que uma imagem e um texto trabalham juntos para formar a mensagem. Leitores que não estão familiarizados com essa convenção podem fazer uma interpretação equivocada, pois ler apenas o texto ou apenas a imagem não é suficiente. Ambos precisam ser lidos e mesclados para que a mensagem seja compreendida. É importante perceber que a alfabetização visual se desenvolve de maneira diferente em cada contexto cultural. Podemos ver nos exemplos que são discutidos e descontruídos neste capítulo como a alfabetização visual influencia a comunicação.

Campanha de integração em Amsterdã

O município de Amsterdã lançou uma campanha em 2007 para informar 10 mil residentes da cidade que tinham um conhecimento limitado da língua e da cultura holandesa sobre um curso obrigatório de integração.[7]

A agência de design Koeweiden Postma e a agência de comunicação Mex-IT criaram uma campanha com o slogan *"Inburgeren.*[8] *Een ander woord voor meedoen"* [Integração. Outra palavra para participação]. A palavra *mee* [com/junto] foi afixada às atividades cotidianas *meespelen* [jogar juntos], *meewerken* [trabalhar juntos] etc.

Durante a oficina de design "Multiplicidade", de 2008,[9] o participante Bouwe van der Molen pesquisou a campanha e entrevistou diferentes pessoas. Ele notou que houve uma resposta quase nula ao site da campanha. Na oficina, desconstruímos a campanha para entender por que ela foi um fracasso.

Em primeiro lugar, os cartazes estão em holandês. Se o público-alvo tinha conhecimento limitado ou inexistente de holandês, como poderiam entender a informação?

Segundo, a principal plataforma da campanha é a internet. Não há número de telefone ou endereço no cartaz, apenas um site. Isso presume que o leitor tem acesso à internet.

Terceiro, a imagem e o texto atuam juntos para formar a mensagem principal da campanha. Ao lê-los separadamente, não se obtém a mesma mensagem. Essa é uma convenção visual que exige um tipo específico de alfabetização visual que não é universal.

Por fim, os designers tiveram que usar uma identidade corporativa do município de Amsterdã, cujo estilo é informal, sem símbolos de autoridade como brasões ou bandeiras. O povo holandês já reconhece isso como comunicação oficial, mas as pessoas que acabam de chegar ao país podem ter achado que era uma campanha de algum produto.

E, se olharmos além da mensagem explícita, a campanha tem outra mensagem política implícita. A foto deixa claro que a palavra "integração" se refere aos etnicamente não europeus: negros, muçulmanos, asiáticos. A campanha reafirma a imagem estereotípica do cidadão "não integrado".

IMAGEM E FOTOGRAFIA

↑ *Campanha de integração do município de Amsterdã*, 2007. Design de Koeweiden Postma. Imagem no topo: "Quer decidir junto também? Integração. Outra palavra para participação". Imagem no canto inferior esquerdo: "Quer jogar junto também? Integração. Outra palavra para participação". Imagem no canto inferior direito: "Quer trabalhar junto também? Integração. Outra palavra para participação".

Saúde básica no México

Essa campanha do governo mexicano foi criada para informar comunidades indígenas sobre um plano de saúde básico. Anne Bush descreve esse exemplo em seu artigo "Beyond Pro Bono" [Para além do Pro Bono], de 2003.[10] Sua aluna Erica Wong analisou a campanha durante um seminário e descobriu por que foi mal recebida pelas comunidades indígenas.

O cartaz mostra a imagem em preto e branco de um garoto indígena sorrindo e as palavras "Plano de saúde básico". Anne Bush: "Wong descobriu por meio de entrevistas com a comunidade local que muitas pessoas interpretaram de forma completamente errada a intenção".

Em primeiro lugar, o menino é retratado sozinho. Nas comunidades rurais, a autoimagem das pessoas está associada a um grupo; uma pessoa isolada parece sozinha e abandonada. Bush: "As pessoas no vilarejo não entendiam por que ele tinha sido deixado sozinho".

Segundo, o preto e branco é um clichê visual de como as comunidades indígenas são retratadas por estrangeiros – como algo romântico e nostálgico. A comunidade não se reconhece nesse estilo imagético. Bush: "Muitos disseram que, de início, ignoraram o cartaz, pois pensaram que era propaganda turística". Ela observa que "na imagem há grande divergência da percepção das cores e das atividades que são parte da realidade cotidiana nas comunidades rurais mexicanas".

↑ Imagem do livro discutido. *Citizen Design*, por Steven Heller e Véronique Vienne.

IMAGEM E FOTOGRAFIA   103

Aprendendo sobre a vida

Em 2006, o estúdio de design Butterfly Works e a OneWorld UK desenvolveram – em parceria com o Ministério de Educação nigeriano, pais, professores e alunos – uma plataforma de aprendizado digital sobre saúde sexual na Nigéria chamada "Aprendendo sobre a vida". O público-alvo eram os alunos de Ensino Médio do norte da Nigéria.

À direita, você pode ver o primeiro desenho da personagem do sexo feminino, baseada em fotos tiradas no local. Quando o testaram, descobriram que a maneira como ela usava o hijab indicava que ela era casada. Fizeram, então, a versão da esquerda, que mostrava uma mulher solteira.[11]

O estúdio de design Butterfly Works cria projetos para culturas diferentes e aprendeu a usar pesquisas e testes. Prefere trabalhar com estúdios de design locais enquanto organiza o processo. Para criar os projetos, elabora muitas versões, e cada uma delas é testada na região e adaptada até que funcione.

↑ Imagem: Butterfly Works, 2006. Learning About Living, Butterfly Works e OneWorld UK.

CENSURA

Morte por Photoshop

No romance *1984*, de George Orwell, o protagonista é um funcionário do governo de um estado totalitário. Seu trabalho é apagar da mídia as referências às pessoas que foram presas ou mortas, reescrevendo artigos de jornal e alterando fotografias.

A distopia de Orwell, publicada em 1949, já era uma realidade na União Soviética dos anos 1940, quando excluir pessoas – inimigos do Estado – das imagens e dos registros oficiais era prática recorrente.

Retocar fotos para remover pessoas não foi algo feito apenas por regimes totalitários, mas o que torna esses casos mais pungentes é que muitas vezes aqueles que foram excluídos tinham relações pessoais com os líderes que ordenaram seu apagamento da história.

A gangue não está lá

Após a morte de Mao em 1976, foi realizada uma cerimônia em sua memória na praça Tiananmen. Logo depois, quatro funcionários do Partido Comunista chinês foram removidos da foto oficial do evento. Eram conhecidos como a Gangue dos Quatro, e uma das pessoas era a esposa de Mao. Eles foram presos um mês depois de sua morte, quando irrompeu uma disputa por poder no Partido Comunista.[12]

↑ Imagem: grancanariamaimenes.blogspot.nl/2014/03/mentiras-en-la-historia.html.

IMAGEM E FOTOGRAFIA 105

O removedor é removido
A foto da esquerda foi tirada em 1937 no canal de Moscou e mostra Stálin no centro e Nikolai Yezhov à direita. Como líder dos assuntos internos do Partido Comunista, Yezhov supervisionou prisões e execuções, falsificando provas. Quando o próprio Yezhov deixou de agradar a Stálin em 1940, ele foi executado e removido dos arquivos.

O tio de Kim
O segundo homem mais poderoso da Coreia do Norte, Jang Song-Thaek, foi condenado por traição em 2013. Ele não era apenas um dos conselheiros mais próximos a Kim Jong-un; também era seu tio. Foi acusado de forma abrupta por atividades contrarrevolucionárias e executado.

As imagens acima são do documentário estatal *O grande camarada*. Nas da direita, exibidas depois de sua execução, Jang Song-Thaek (circulado em vermelho) desapareceu por meio de cortes e retoques.

↑ Imagem: en.wikipedia.org/wiki/Nikolai_Yezhov.
↑ Imagem: www.theguardian.com/global/gallery/2013/dec/09/kim-jong-uns-uncle-vanishes-from-documentary-footage-in-pictures.

↑ Capa da revista *Time* censurada no Irã. Extraído de "Censorship in the Republic", *Harpers Magazine*, 29 ago. 2013. Imagem de: anônimo. Harpers.org/blog/2013/08/censorship-in-the-republic.

Cobrindo o corpo

Começou com uma folha de figueira. Desde então, a censura à nudez só prosperou. No Irã e na Arábia Saudita, leis islâmicas severas proíbem a demonstração de nudez feminina, incluindo pescoço, braços e pernas. A polícia religiosa censura toda a mídia usando canetinhas e fitas para cobrir partes que demonstrem intimidade ou nudez. Às vezes, páginas inteiras são simplesmente arrancadas.

Cobrir a nudez feminina por questões de castidade foi algo que também ocorreu no Colégio Wasatch, em Utah, nos Estados Unidos. Alunas do ensino médio, cujas fotos do álbum de fim de ano revelavam pele demais, foram censuradas. De maneira similar às práticas da polícia religiosa da Arábia Saudita e do Irã, as fotos foram alteradas manualmente.

Censurar digitalmente imagens de mulheres é a nova tendência, como a Ikea demonstrou em 2010. O catálogo da empresa para a Arábia Saudita era idêntico ao dos outros países, com a diferença de que todas as mulheres foram removidas digitalmente. Depois que o jornal Metro expôs a história, a empresa pediu desculpas e disse que as ações "não refletem os valores da Ikea".[13]

↑ Foto de aluna no álbum de fim de ano do Colégio Wasatch, Utah. Imagem: KTSU Fox 13 Now.
→ Capturas de tela de www.ikea.com; acima, o site sueco; abaixo, o site da Arábia Saudita, 2010.

Criminosos perfeitos

Depois que você começa o processo de rejuvenescer uma figura pública, não há retorno possível. Essa foto colorida de Mao é um de seus retratos mais famosos. Com uma pele suave e o cabelo castanho-escuro, fica difícil acreditar que ele tinha 71 anos quando a imagem original foi tirada. Mas quanto dela é real? O museu Metropolitan explica que a foto foi "retocada com cuidado obsessivo para projetar uma imagem de benevolência impecável".[14]

IMAGEM E FOTOGRAFIA 111

E não são apenas as celebridades que tomam tanto cuidado para expor uma imagem perfeita ao mundo. Depois que o rosto de uma nação começa a envelhecer, fazem de tudo para reviver sua aparência jovem. Essa foto do presidente sírio Assad, de 2012, recebeu um *airbrush* para dar um charme juvenil ao líder de 46 anos. O técnico de imagem foi tão cuidadoso que até ajudou Assad a se livrar de seu pomo de adão.

↑ Foto difundida pela agência de notícias oficial da Síria, Sana / AP.

O mundo é dos homens

Podemos achar que os estereótipos machistas na publicidade eram uma questão da época de *Mad Men*, mas, na indústria dominada por homens, muitas marcas ainda perpetuam estereótipos sexistas, retratando mulheres em papéis sexualizados e degradantes. Homens aparecem como figuras ativas e poderosas, enquanto mulheres são passivas, representadas como objeto de desejo. A maneira como são vistas nas imagens tem origem nas pinturas de nus, como explica John Berger em *Modos de ver*.[15]

Até pouco tempo atrás, as únicas pessoas que podiam colecionar pinturas a óleo eram homens. Nus femininos eram pintados para a apreciação de observadores do sexo masculino. Os critérios segundo os quais as mulheres seriam retratadas eram similares aos utilizados na publicidade hoje em dia. Mulheres aparecem como passivas e sexualmente disponíveis, com o corpo voltado para o espectador, oferecendo sua beleza para ser consumida por ele. Imagine como seriam diferentes as imagens dessas páginas se o modelo fosse um homem.

Como explicou Berger, essa tradição de nus não é universal. Por exemplo, nas artes indiana, persa e africana, a nudez não se restringe ao corpo feminino, mas tanto o homem como a mulher são retratados sexualmente, absortos um no outro.[16]

Imagem corporal

Os padrões de beleza da mulher exigidos pela moda e pela publicidade são inalcançáveis na vida real e só podem existir como resultado da manipulação digital. A imagem corporal que vem sendo apresentada desencoraja a aceitação de padrões realistas de beleza. Um estudo de 2007 mostrou que apenas 2% das mulheres ao redor do mundo se descreviam como bonitas.[17]

Transformar digitalmente o corpo das mulheres é a norma, e não a exceção, na fotografia de moda. Em 2011, a H&M usou corpos gerados por computadores com a cabeça de modelos reais. "Não se trata de ideais ou de exibir um corpo perfeito, estamos fazendo isso apenas para mostrar as peças de roupa", afirmou um porta-voz da loja.[18]

Empresas que vendem cosméticos, produtos dietéticos, cirurgias plásticas e programas de emagrecimento lucram com esses padrões de beleza irreais. São propagandas que têm como objetivo deixar as mulheres – e cada vez mais os homens também – infelizes com o próprio corpo, insinuando que a imagem delas poderia melhorar se usassem produtos de beleza.[19]

Beleza "real"

Foi uma empresa de cosméticos que apresentou uma imagem mais realista da beleza em 2007. A Dove lançou a "campanha pela real beleza", que mostrava mulheres confortáveis em seus corpos não tão anoréxicos. A campanha foi elogiada e criticada ao mesmo tempo. A imagem de beleza que a Dove apresentou com certeza divergia da dominante na indústria, porém as mulheres que apareciam na propaganda tampouco representavam a média e eram obviamente escolhidas por sua beleza. Em segundo lugar, ainda se mantém o pressuposto de que a beleza é a qualidade mais importante de uma mulher. Terceiro, alguns apontaram a hipocrisia da empresa dona da Dove, a Unilever, cujas outras marcas de cosméticos vendem produtos dietéticos Slimfast, cremes branqueadores de pele e anticelulite.

No entanto, a campanha da Dove deu uma contribuição importante à discussão sobre padrões de beleza. Jean Kilbourne, que pesquisa publicidade, afirmou que "a Dove era – e ainda é – uma das poucas empresas que fazem propaganda *mainstream* e coloca em questão a definição de beleza feminina".[20]

IMAGEM E FOTOGRAFIA   115

↑ Captura de telas do site da H&M, www.hm.com, 2011 © H&M.

↑ Ogilvy & Mather, "Campanha Dove pela Real Beleza", 2007 © Dove.

Imagens responsáveis

Designers, publicitários e fotógrafos precisam se dar conta de que têm responsabilidades ao retratar homens e mulheres. Estereótipos sexuais e padrões irreais de beleza são cúmplices da cirurgia plástica, da baixa autoestima e de distúrbios alimentares. Homens se acostumam a uma imagem distorcida de beleza feminina e de sexualidade. A desculpa de que "sexo vende" foi desmentida em 2015 num estudo da Ohio State University, que mostra que os consumidores tendem menos a comprar um produto se a propaganda traz conteúdo sexual.[21]

Algumas marcas demonstram iniciativa ao questionar convenções de beleza e ao criar novos modelos a serem seguidos. A rede de lojas holandesa HEMA anunciou um sutiã *push-up* com a modelo transgênero Andrej Pejic, em 2011.

↑ Doom & Dickson, "Andrej Pejic for HEMA". Foto: Wendelien Daan, 2011. Campanha © HEMA.

IMAGEM E FOTOGRAFIA

Os novos Masai

Se você vai viajar para o Quênia ou a Tanzânia, provavelmente visitará um vilarejo masai e tirará fotos. O artista Jan Hoek notou como os Masai são fotografados sempre da mesma maneira: pulando na natureza usando vestimentas vermelhas tradicionais e joias.

    É uma imagem "autêntica" da África que os fotógrafos abraçam: sem nenhum traço de modernidade, congelada em épocas pré-modernas. Jan Hoek percebeu que muitos Masai que moram em zonas urbanas não acham o estereótipo tão lisonjeador. Em vez de tentar fotografá-los de modo diferente, ele conversou com sete deles e perguntou como gostariam de ser representados.

    Não importa se um membro da comunidade adota um estilo de vida rural, urbano ou uma mistura de ambos: o projeto de Jan Hoek reconhece que os povos se representam de maneiras muito diferentes das que são vistas pelos olhos de pessoas de fora.

↑ Christopher Michel, "Masai Mara", 2013. www.flickr.com/photos/cmichel67/9906214614.

118 GÊNERO E IMAGEM

Maria (33 years) animal keeper

↑ 1st choice

Likes: silver and to be photographed happy and smiling
Doesn't like: sad photos

← 2nd choice

↑ 3rd choice

IMAGEM E FOTOGRAFIA

Mike
40 years
(business man)

likes: Masais photographed in a modern way
doesn't like: photos of lazy masai

← 1st choice
2nd choice ⏋

← 3rd choice

↑ Mike. Jan Hoek, "New Ways of Photographing The New Masai", 2014.
← Maria. Jan Hoek, "New Ways of Photographing The New Masai", 2014.

Falsa diversidade

"A diversidade está no cerne da nossa capacidade de servir bem nossos clientes e de maximizar o lucro de nossos acionistas", afirma o grupo financeiro Goldman Sachs em seu site.[22] Esse tipo de declaração se encontra em sites de quase todas as multinacionais, em geral acompanhadas por imagens de uma equipe multirracial sorrindo. Três de quatro das maiores empresas dos Estados Unidos lançaram programas de diversidade por volta do fim da década de 1990.[23] Hoje em dia, a diversidade no ambiente de trabalho é considerada um bem valioso que aumenta o patrimônio líquido de uma empresa.

↑ Site da Northrop Grumman, 2015. www.northropgrumman.com/CorporateResponsibility/Diversit
↑ Site da Central Ohio Diversity, 2015. www.centralohiodiversity.org.

No entanto, quão diversas essas empresas são, de fato? Muitas usam a mesma fotografia com uma mescla calculada de raças e gêneros, como se fossem escolhidos em uma planilha. Quando fazemos uma busca reversa pelas fotos, descobrimos que são de banco de imagens e que aparecem em muitos outros sites. A imagem do site da Lockheed Grumman também é usada na Central Ohio Diversity Consortium, numa firma britânica de consultoria, num escritório sul-africano de recrutamento de funcionários e num centro francês de treinamento para professores.

 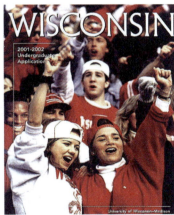

Um toque de diversidade
Se as fotos de bancos de imagens são genéricas demais para seu gosto, sempre é possível criar diversidade com o Photoshop. Em 2001, a University of Winsconsin-Madison inseriu o rosto de um aluno negro na foto de uma plateia de estudantes brancos. Nancy Leong, professora de direito na Denver University, chama isso de "capitalismo racial": empresas lucrando com a imagem de minorias ao mesmo tempo que são negligentes no trabalho árduo exigido na construção em longo prazo de uma empresa de fato mais diversificada.[24]

    Uma representação mais diversificada da sociedade é um passo bem-vindo para uma comunicação visual mais equilibrada, mas a diversidade não pode ser criada somente por meio de imagens.

↑ Folheto da University of Wisconsin-Madison 2001. À esquerda, foto original; à direita, capa do folheto.

IMPERIALISMO CULTURAL

Algumas culturas são maiores que outras

A cultura naturalmente se desloca através de fronteiras, mas nem sempre em igual medida. Dos anos 1600 aos 1900, foi a cultura europeia ocidental que se declarou superior, enquanto outras culturas eram classificadas como em estágio anterior ou menos desenvolvido. A cultura era vista como evolucionária, com a da Europa ocidental à frente.

O antropólogo Franz Boas [1858–1942] questionou essa ideia evolucionária de cultura. Ele argumentou que ela se desenvolve por meio da interação de pessoas e ideias e que não existe um processo em direção a um estágio "mais elevado". Ele defendeu que as outras culturas não podem ser julgadas de forma objetiva, pois sempre a vemos através das lentes da nossa própria.

Ideias a respeito da evolução da cultura foram, em grande parte, abandonadas, mas séculos de domínio cultural e colonização deixaram marcas, tornando a cultura branca o ponto de referência para a arte, ideias, ciência e linguagem, como afirma Robert Young em *Postcolonialism* [Pós-colonialismo].[25]

Durante a Guerra Fria, a União Soviética e os Estados Unidos usaram a mídia para "invadir países" – não com armas, mas com a cultura, na esperança de que os cidadãos sucumbissem a suas políticas. Alguns críticos culturais defendem que até personagens da Disney, como o Pato Donald e o Mickey, foram usados na América Latina com objetivos colonialistas. A ideia era que personagens inocentes, como esses dos desenhos, poderiam fazer as pessoas assimilarem de forma inconsciente as ideias políticas dos Estados Unidos.[26]

A comunicação intercultural em si se tornou uma ferramenta política na Guerra Fria. Em 1965, um comitê de Relações Exteriores norte-americano falou da importância da pesquisa antropológica: "O papel das ciências comportamentais – o que podem nos dizer a respeito das atividades humanas e suas motivações e como esse conhecimento pode ser aplicado em atividades governamentais desenvolvidas para cumprir a política externa dos Estados Unidos – é de grande interesse desse comitê".[27]

← Karl Grandin, "Popular Revolution", 2009.

A família da humanidade

Nos anos posteriores à Segunda Guerra Mundial, tanto os Estados Unidos como a União Soviética usaram todos os meios imagináveis para convencer outros países de sua superioridade ideológica, até mesmo exposições de arte. Uma dessas era *The Family of Man* [A família da humanidade], uma mostra fotográfica que se tornou um dos primeiros grandes êxitos de público, com mais de 9 milhões de visitantes em oito anos.

A mostra teve origem em uma ideia de Edward Steichen, chefe do departamento de fotografia do Museum of Modern Art (MOMA) de Nova York. Ele queria criar um testemunho de união, igualdade e liberdade para todas as pessoas no planeta. Foram 503 fotos escolhidas de 69 países, cobrindo categorias como nascimento, amor, trabalho, doença e morte.

A exposição foi uma novidade porque mostrou a fotografia não como arte, e sim como documentação. Steichen acreditava que ela poderia transmitir informações numa língua universal que todas as culturas compreenderiam. As imagens foram exibidas sem nenhum contexto – eram mencionados apenas o nome do fotógrafo e o local.

A seleção era tudo menos neutra. 60% dos fotógrafos eram dos Estados Unidos e 26% da Europa. As imagens não exibiam nenhum casal inter-racial ou do mesmo sexo, enfatizando a importância da família tradicional. As duas fotos acima mostram famílias. A africana, à esquerda, aparece num cenário rural, do lado de fora, enquanto a família americana aparece dentro de casa, com fotos familiares penduradas na parede. Ambas mostram a "família humana", mas uma é obviamente "desenvolvida", enquanto a outra não é.

A turnê mundial

Depois de sua inauguração em 1955, *The Family of Man* partiu numa turnê mundial como parte da programação internacional do MOMA. Por oito anos, a exposição visitou 88 locais em 37 países, em seis continentes.[28] Muitos eram países em desenvolvimento, nos quais os Estados Unidos tinham claro interesse comercial.[29] Arte, política e interesses corporativos andavam de mãos dadas na turnê. A entrada da exposição em Johanesburgo exibia um grande globo cercado por garrafas de Coca-Cola.[30] Na Guatemala, a exposição foi mostrada apenas catorze meses depois que os Estados Unidos financiaram o golpe que derrubou o governo eleito democraticamente e colocou no lugar uma junta que protegia os interesses das empresas norte-americanas.

Esta exposição é uma cortesia da CIA

A itinerância da exposição foi organizada por um programa internacional do MOMA em parceria com a Agência de Informação dos Estados Unidos (United Sates Information Agency, USIA), uma agência governamental que difundia as ideias políticas do país por intermédio da cultura. O programa tinha laços com a CIA e já havia se envolvido anteriormente com a difusão cultural como forma de propaganda, algo demonstrado por Eva Cockcroft em *Abstract Expressionism, Weapon of the Cold War* [Expressionismo abstrato, armas da Guerra Fria].[31]

The Family of Man promovia valores ocidentais ao mostrar que a liberdade e a inclusão de todas as culturas e religiões eram uma alternativa à ideologia fechada e rígida dos soviéticos. A USIA achava que o público seria mais receptivo à mensagem se não a reconhecessem como propaganda política. Milhões de pessoas que visitaram a exposição ficaram com a impressão de que era uma mostra normal acerca de valores universais da humanidade.

The Family of Man se tornou uma das exposições mais populares de todos os tempos e em 2003 recebeu o reconhecimento da Unesco por seu valor histórico. Está em exibição permanente em Luxemburgo.

↖ Catálogo da exposição. Jerry Mason. *The Family of Man*, Museum of Modern Art, Nova York, 1955. Fotografia à esquerda: Nat Farbman (EUA); fotografia à direita: Nina Leen (EUA). Reprodução: Ruben Pater.

Roubos culturais

Embora o plágio seja algo muito discutido entre os designers gráficos, pouco se fala da apropriação cultural. O termo costuma ser usado para descrever o uso de elementos culturais sem permissão, em geral de uma cultura marginalizada, que é sequestrada pela dominante.

Um exemplo bem conhecido é a marca Urban Outfitters, que em 2009 desenvolveu uma série de produtos "Navajo", usando padrões "inspirados" pelos tecidos navajos.[32] Os navajos são uma tribo indígena americana nos Estados Unidos, e a empresa não consultou a tribo de antemão, não pediu permissão nem compartilhou os lucros.

Jaclyn Roessel, que cresceu aprendendo a tecer numa reserva navajo, afirmou: "Eu me pergunto se eles ao menos entendem o que é 'navajo' [...] trata-se de uma cultura viva [...] e até hoje mulheres usam roupas com esses padrões porque significam algo".[33]

Inicialmente, a marca se recusou a mudar o nome ou os produtos, mas, depois de sofrerem uma pressão maior nas redes sociais em 2011, a Urban Outfitters tirou seus produtos "Navajo" das prateleiras.

A apropriação cultural também se encontra na tipografia. O tipógrafo Johannes König lançou a fonte *Mestizo* [Mestiço] em 2012. König afirma que o tipo "é baseado num sistema estrito de *grid* – mas mesclado com simbolismo étnico".[34] O projeto dessa fonte não está relacionado com a cultura mestiça e foi inventado pelo designer. O nome e as fotos são apenas um pano de fundo "racial", acrescentando valor ao design. Isso cria uma falsa imagem cultural, pois as pessoas podem supor, equivocadamente, que o desenho em questão representa a verdadeira cultura mestiça da América Latina.

A apropriação cultural é criticável pois elementos das culturas marginalizadas muitas vezes deixam de ser respeitados ou celebrados em seu contexto original, e somente quando uma cultura dominante os rouba e os reembala para venda é que esses elementos se tornam amplamente aceitos.

IMAGEM E FOTOGRAFIA 127

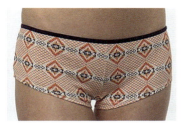

↑ Coluna da esquerda: loja virtual da Urban Outfitters, 2009. www.urbanoutfitters.com © Urban Outfitters.
↗ Coluna da direita: fonte Mestizo. Publicada por Volcano Type, 2012 © Design por Johannes König.

SUMÁRIO

SÍMBOLOS E ÍCONES

As palavras separam, as imagens unem 130

Apropriando-se da paz 133

Logotipos e arquétipos 134

Eficiência ou deficiência 136

Ícones de desigualdade 137

Dos alienígenas aos ancestrais 139

Lendo imagens 143

Votar num relógio ou num avião 145

Atletismo ofensivo 147

As palavras separam, as imagens unem

Pesquisa de Asja Keeman

No início da década de 1920, o filósofo vienense Otto Neurath criou uma linguagem pictográfica chamada The International System of Typographic Pictures (Isotype), que usa símbolos gráficos para comunicar informações para um público multilíngue. "Figuras cujos detalhes são claros a todos estão livres das limitações da linguagem: são internacionais", de acordo com Neurath.[1] O desenho dos ícones da Isotype foi elaborado com recursos que se tornaram padrão no projeto de ícones nas décadas seguintes, como o uso de silhuetas e a eliminação dos detalhes. Um dos princípios da Isotype era que a forma simplificada levaria todas as camadas da população a compreender a informação.

Neurath acreditava que a Isotype comunicava de maneira neutra e objetiva. Essa neutralidade, no entanto, só existia na execução formal dos símbolos. A informação era reduzida para otimizar a leitura, usando seleção e categorização. Símbolos eram organizados horizontal e verticalmente, o que sugere a noção de que todos tinham valores iguais, ignorando diferenças entre raça, gênero e cultura.

Devemos lembrar que a Isotype foi uma invenção europeia do período colonial. Só então fica claro que a retórica "objetiva" e "neutra"

↑ Sinais de cinco grupos de homens (detalhe), Gerd Arntz, 1928–36. Imagem: arquivo Gerd Arntz.

da Isotype significava representar padrões colonialistas. Nos exemplos, países não europeus eram agrupados na categoria "outros". Raças foram reduzidas a cinco, com a branca em primeiro lugar e as não brancas como secundárias, retratadas como figuras escuras, sem camisa, com trajes tradicionais.

É claro que a Isotype não era neutra nem objetiva, mas a qualidade técnica e a consistência do projeto tiveram forte influência no design de ícones e de informação ao longo das décadas seguintes.

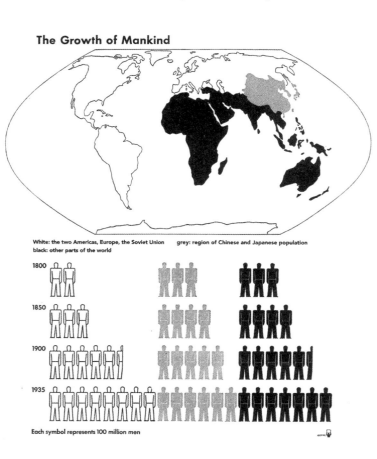

↑ Dicionário de símbolos compilado entre 1928 e 1940, Otto Neurath, 1939.

SÍMBOLOS E ÍCONES

Apropriando-se da paz

Pesquisa de Asja Keeman

Por que alguns símbolos são populares e outros não? O tipógrafo Adrian Frutiger defende que isso tem mais relação com a qualidade gráfica do que com referências históricas.[2] Exemplos famosos incluem a suástica e a caveira, símbolos cujo significado mudou de forma expressiva ao longo do tempo.

O símbolo da paz foi desenvolvido por um designer têxtil britânico, Gerald Holtom, em 1958, para o movimento antinuclear de seu país. Seu desenho foi baseado nas letras N e D (de "desarmamento nuclear") e também simbolizava uma pessoa desesperada.[3] Por ter sido usado nos protestos contra a Guerra do Vietnã e para "banir a bomba" nos anos 1960 e 1970, acabou se expandindo e se tornando um dos símbolos mais populares já criados.[4]

A forma de uma forquilha de cabeça para baixo é de uma simplicidade impressionante, e Holtom não foi o primeiro a utilizá-la. No alfabeto rúnico, o símbolo representa a morte. Durante a Segunda Guerra Mundial, as runas foram ressuscitadas pelos nazistas e usadas para, entre outras coisas, simbolizar unidades do exército. Foi assim que, décadas antes de o símbolo da paz ter sido desenvolvido, ele já se encontrava em tanques alemães que tinham tudo, menos objetivos pacíficos.

Nos anos 1960, quando o símbolo da paz se tornou famoso na Europa, sua história voltou para assombrá-lo. Algumas pessoas eram contra sua utilização por causa do histórico nazista, mas aí já era tarde: ele já havia se tornado popular demais.[5] Em 1973, a controvérsia ressurgiu na África do Sul, quando o símbolo passou a ser usado nos protestos contra o apartheid, tendo sido banido pelo regime depois.

Em 2006, nos Estados Unidos, dois moradores de Denver foram forçados a retirar um símbolo da paz porque os vizinhos acharam aquilo anticristão. Eles interpretaram a forquilha para baixo como uma cruz invertida, símbolo do satanismo. Não interessa quão simples e forte seja um símbolo: sua adaptação, similaridade ou apropriação podem mudar por completo seu significado.

← Protestos pela proibição da bomba em Toronto, 1961. Fotografia: Frank Grant para o *Toronto Telegram*. York University Libraries, Clara Thomas Archives & Special Collections, Toronto Telegram fonds, ASC08191.

Logotipos
e arquétipos

Se você mora numa cidade, provavelmente é capaz de reconhecer mais logotipos do que espécies de pássaros. Muitas marcas são baseadas em formas elementares, como o círculo, o triângulo, a flecha, a cruz e o quadrado. Essas mesmas formas remontam à Idade da Pedra e encontram-se em cavernas ao redor do mundo.

O círculo era usado para simbolizar o Sol, a Lua e os ciclos e as estações na natureza. O quadrado representa um espaço fechado. Também é um símbolo chinês antigo para os pontos externos da Terra.[6] A flecha vem das culturas de caçadores. A ponta da flecha virou o ícone internacional para direção.[7] Antes de ter sido adotada como símbolo cristão, a cruz foi usada por egípcios como hieróglifo para vida.

Símbolos podem ter origens similares, mas a forma como são percebidos depende da cultura. Em *Design, escrita, pesquisa: A escrita no design gráfico*, Ellen Lupton e Abbott Miller mencionam a pesquisa de Alexander Luria, um psicólogo russo, de 1931. Luria pegou desenhos de um círculo, um triângulo e um quadrado e mostrou-os a moradores de vilarejos remotos do Uzbequistão e do Quirguistão. Os locais alfabetizados identificavam as formas abstratas como um círculo, um quadrado ou um triângulo, mas os iletrados as identificaram com objetos. O círculo era um prato, um balde ou a Lua, um quadrado era uma porta, um espelho ou uma casa. Isso sugere que a alfabetização visual está relacionada à alfabetização escrita.[8]

Em *About Understanding* [Sobre entender], Andreas Fugelsang confirma que a leitura de imagens gráficas é uma habilidade que precisa ser ensinada. Ele afirma: "Isso não é reconhecido porque o aprendizado na leitura de figuras é um processo informal". Em sociedades nas quais as pessoas são confrontadas com grande variedade de imagens todos os dias, esse aprendizado ocorre automaticamente. Quando há poucas imagens, ou nenhuma, essa capacidade de ler figuras pode ser menor.[9]

SÍMBOLOS E ÍCONES 135

↑ Linha superior: símbolos das cavernas. Logos: The World Bank, National Geographic, Delta Air Lines, Elektra, Red Cross, Korean Airlines, MS Windows, Caterpillar, Citroën, Chevrolet, AT&T, Panamatrics, Toblerone, Dutch Railways, Força Aérea Alemã, BMW, Deutsche Bank, Mitsubishi, British Rail, Swiss Air, Pepsi, NEXT, Qantas, Kodak, Blue Cross, Accelrys, DTPS Framework, Palace Skateboards, Chevron, Patek Philippe, Konica Minolta, HDFC Bank, Avery Dennison, Geveke, Bayer.

Eficência ou deficiência

O símbolo da cadeira de rodas é, em geral, associado a vagas de estacionamento de pessoas com deficiência, mas, na verdade, menos de 1% das pessoas com deficência usa cadeira de rodas.[10] Isso é um problema para essa maioria, que não usa cadeira de rodas, e é repreendida ao estacionar na zona destinada a elas. Pessoas com deficiência são muito mais comuns do que você imagina: 15,3% da população tem alguma deficiência moderada ou grave.[11]

O desenho desse símbolo internacional foi desenvolvido num concurso em 1968. A vencedora foi a designer Susanne Koefoed, e seu trabalho virou a base para o ícone usado hoje. Mas não de imediato, pois ainda precisava de uma cabeça. Karl Montan aperfeiçoou o pictograma em 1969, que então foi adotado como padrão internacional ISO.

Várias organizações criticaram o ícone da cadeira de rodas como um estereótipo que não reflete as diferentes formas de deficiência. Além disso, é um equívoco pensar que se trata de uma condição permanente, como se o mundo pudesse ser dividido entre quem tem deficiência ou não. Na verdade, muitos de nós, em algum momento da vida, teremos alguma deficiência – um estado, na maioria dos casos, temporário ou dinâmico.[12]

Os designers Sara Hendren e Brian Glenney criaram uma alternativa ao ícone em 2013 com o *Accessible Icon Project*[13] [Projeto ícone acessível], no qual a pessoa na cadeira conduz a si mesma, ao contrário da imagem original, muito mais passiva. Apesar dos esforços, o logo de 1969 permanece como padrão internacional. E, embora o novo pictograma represente uma grande melhoria, ainda é uma cadeira de rodas.

↑ Evolução do ícone, Susanne Koefoed (1968), Karl Montan (1969) e Sara Hendren e Brian Glenney (2013).

Ícones de desigualdade

No campo da sinalização, o ano-chave é 1974, quando os símbolos para o Departamento de Transportes dos Estados Unidos (DOT) foram desenvolvidos. Tornaram-se um padrão mundial após a adoção pela International Organization for Standardization (ISO).[14] A associação norte-americana de design, AIGA, afirma que os pictogramas são "um exemplo de como designers com um senso da dimensão pública podem resolver uma necessidade universal de comunicação".

Os ícones conhecidos como ISO 7001 foram implementados na sinalização do mundo todo, mas não são de modo algum "universais". O ícone de restaurante, por exemplo, é um garfo e uma faca, algo que claramente não é o padrão em todos os países. O símbolo de estacionamento usa a letra do alfabeto latino "P", inicial da palavra em inglês, *parking*.[15]

Homens são médicos, mulheres são enfermeiras

No mundo da ISO 7001, homens são a regra e mulheres, a exceção. O ícone masculino é usado tanto para uma pessoa do sexo masculino como para uma de gênero neutro, enquanto o feminino é usado apenas para o gênero feminino. O exemplo mais evidente de machismo na sinalização é o símbolo de bilhetes, que mostra um homem comprando de uma mulher no caixa.

Em 2005, a Universidade de Aveiro, em Portugal, analisou 49 sistemas de sinalização para ver até que ponto o gênero feminino era sub-representado. Dos 722 ícones, 360 são masculinos e 87 são femininos. Os femininos só superam os masculinos quando mostram pessoas acompanhando uma criança. Ícones que mostram profissões reafirmam estereótipos: os homens são os médicos e as mulheres, as enfermeiras.[16]

↑ Símbolos e sinais, U.S. Department of Transportation, 1974. Design: Roger Cook e Don Shanosky.

Rumo a símbolos com gênero neutro

Em 2007, a cidade de Viena lançou a campanha *Wien sieht's anders* [Viena enxerga diferente], que tinha como objetivo inverter os estereótipos de gênero na sinalização da cidade. Um fraldário mostrava um pai com um bebê, em lugar da mãe. Ícones que traziam como padrão uma figura masculina, como saída de emergência e obras na estrada, passaram a mostrar uma figura feminina. Alguns argumentaram porém que, ao dar ênfase excessiva às características femininas no sinal de obras na estrada, acabou-se criando uma nova caricatura de mulher.

E quanto aos ícones dos nossos novos espaços "públicos"? Quando a designer Caitlin Winner começou a trabalhar no Facebook, ela notou que os ícones traziam preconceito de gênero. O ícone de "amigos" mostrava um homem na frente, com outro homem e uma mulher atrás.

Ela disse: "A mulher está literalmente à sombra do homem, ela não está numa posição da qual pode se destacar".[17] Winner tomou para si a tarefa de desenvolver um conjunto de ícones com gênero neutro. Ela não apenas levou em conta a hierarquia entre homens e mulheres, mas também desenhou silhuetas que podiam se aplicar a vários gêneros. Estes foram adotados como o novo padrão.

↑ Sinalização em Viena, 2007, Werbung zum Otttarif, a pedidos da prefeitura de Viena. Design: Chrigel Ott.
↑ O antigo e o novo ícone de grupo no Facebook. Imagem: Caitlin Winner © Facebook.

SÍMBOLOS E ÍCONES 139

Dos alienígenas aos ancestrais

Seria possível se comunicar por meio de símbolos com civilizações alienígenas? A Nasa tentou fazer isso em 1972, quando uma placa de alumínio gravada foi colocada na espaçonave Pioneer. O astrônomo Carl Sagan desenvolveu uma série de diagramas da localização da Terra e do itinerário da espaçonave, um átomo de hidrogênio e um desenho de um homem e uma mulher nus.

Em 1977 Carl Sagan voltou a ser convidado pela Nasa para elaborar uma mensagem para a nave Voyager. A equipe dele bolou um disco de ouro que continha 116 imagens e vários sons. Um diagrama na frente explicava a localização da Terra e instruções de como tocar o disco.

Os diagramas, exibidos na página seguinte, talvez não sejam decifráveis nem por um humano de hoje, pois poucos jovens sabem como usar um toca-discos. No entanto, a ideia era que uma civilização alienígena pudesse estudar aquilo por décadas, até séculos, até decodificar a mensagem.

Avisos aos pós-humanos

Símbolos poderiam ser usados para dar avisos aos humanos do futuro? O lixo nuclear permanecerá radioativo pelos próximos 24 mil anos. Em 1990, um grupo de cientistas reuniu-se para desenvolver sinais de alerta para uma instalação de lixo nuclear no deserto do Novo México. Carl Sagan sugeriu marcar o local com uma caveira e ossos. Contudo, o significado da caveira mudou de forma significativa ao longo dos séculos: já foi o símbolo de renascimento e também o dos piratas.[18]

De início, usar apenas texto foi rejeitado pelo mesmo motivo. A língua inglesa existe há 1200 anos, mas o inglês usado naquela época seria incompreensível aos falantes de hoje.[19] A recomendação da equipe foi usar pictogramas e mensagens de alerta em várias línguas. Então, decidiu-se construir um centro de informação com placas de granito de oito metros inscritas em sete línguas, com espaço vago para acrescentar línguas futuras.[20]

→ Símbolos no disco de ouro das espaçonaves Voyager I e II, 1977.
→ Símbolos encontrados nas cavernas de Lascaux, 18 000 a.C. Brigitte Delluc e Gilles Delluc, *Discovering Lascaux*. Sud Ouest, 2006.

DOS ALIENÍGENAS AOS ANCESTRAIS

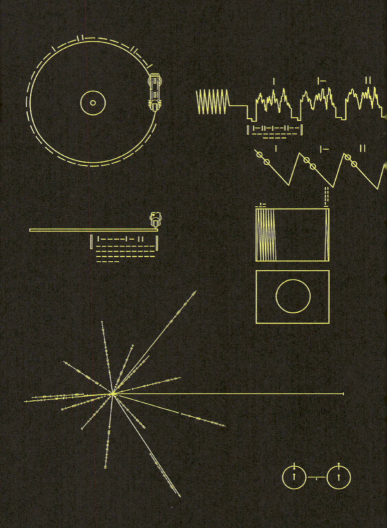

SÍMBOLOS E ÍCONES

141

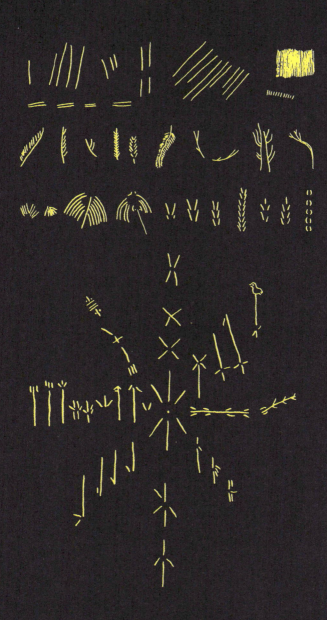

Aprendendo com as pinturas nas cavernas

Tentar se comunicar com alienígenas e humanos do futuro força os limites de nossas capacidades cognitivas. O artista Trevor Paglen fez uma comparação com nossas tentativas de compreender as pinturas rupestres em Lascaux, na França: "Arte rupestre, ou mesmo as Pirâmides ou os Moais da Ilha de Páscoa, são artefatos estranhíssimos para nós – tão fascinantes que até os programas de TV mais populares estão tentando 'desvendar seus mistérios'"[21].

Na verdade, novos mistérios ainda são encontrados nas pinturas nas cavernas. Em 2010, a paleontóloga Genevieve von Petzinger descobriu marcações recorrentes em cavernas na França que poderiam indicar alguma espécie de língua simbólica. Símbolos básicos similares foram encontrados em outras cavernas distantes dali, como na África do Sul.

Novos horizontes

O mais novo projeto para se comunicar com alienígenas já está em andamento. Jon Lomberg, que trabalhou no disco de ouro em 1977, propôs uma versão 2.0 para a espaçonave New Horizons, que decolou em 2006. Pessoas ao redor do mundo poderiam mandar mensagens, imagens, sons e vídeos, que seriam transmitidas digitalmente da espaçonave depois que ela passar por Plutão. Esse fluxo de comunicação alimentado coletivamente seria filtrado por Lomberg e pela Nasa para garantir que não sejam enviadas mensagens inadequadas.[22]

Enquanto isso, as Voyager I e II saíram do nosso sistema solar, e o disco de ouro é o artefato humano que mais se afastou da Terra. Os discos não estragarão tão cedo, foram feitos para durar 1 bilhão de anos.

Trevor Paglen resume o significado de tudo isso: "Desenvolver uma mensagem para que um alienígena compreenda é, em si, uma tarefa impossível; fazê-lo significaria ser capaz de ter pensamentos radicalmente inumanos e imaginar algo além dos limites da nossa imaginação".[23]

Lendo imagens

Como uma pessoa faz para aprender sobre diferenças culturais por meio das imagens? Esse teste foi elaborado para explicar diferenças culturais a voluntários que dão aulas de língua para pessoas que acabaram de chegar na Holanda.

Que expressão facial mais se encaixa na expressão "estar à sombra da vida"?

Descreva o que está acontecendo aqui numa frase curta, usando as palavras "árvore" e "trovão".

Na primeira imagem, pessoas de países mais frios podem tender a escolher a expressão da direita, pois a sombra é considerada gelada e desagradável. Pessoas de climas quentes talvez escolhessem a da esquerda, pois a sombra é vista como algo refrescante e positivo.

No segundo exemplo, uma pessoa que lê da esquerda para a direita diria "O trovão está indo em direção às árvores", mas alguém que lê da direita para a esquerda diria "O trovão está se afastando das árvores". Esses exemplos mostram como a cultura influencia não apenas a leitura de texto, mas também a de símbolos.

↑ Imagem e texto extraídos de: *Introductiecursus voor vrijwilligsters van het Amsterdams Buurvrouwen Contact*. Amsterdã, jan. 2015.

00933 9- Krishnagiri-P.C.2014-Genl. Annexure-

1.	அசோக்குமார், கே. अशोक कुमार, के. ಅಶೋಕ್ ಕುಮಾರ್, ಕೆ.		
2.	சான்பாஷா, எம். चान्भाषा, एम. ಚಾನ್‌ಭಾಷಾ, ಎಂ.		
3.	சின்ன பில்லப்பா, பி. चिन्नपिल्लप्प, पि. ಚಿನ್ನಪಿಲ್ಲಪ್ಪ, ಪಿ.		
4.	செல்லக்குமார், டாக்டர். அ. शेल्लकुमार, डाक्टर्.अ. ಸೆಲ್ಲಕುಮಾರ್, ಡಾಕ್ಟರ್. ಅ.		
5.	கவுடா, என்.எஸ்.எம். गौड.एन्.एस्.एम्. ಗೌಡ, ಎನ್.ಎಸ್.ಎಂ.		
6.	சுந்தரம், எஸ். सुन्दरम, एस्. ಸುಂದರಂ, ಎಸ್.		
7.	மணி, ஜி.கே. मणि, जि.के. ಮಣಿ, ಜಿ.ಕೆ.		
8.	முனிராஜ், கே. मुनिराज्, के ಮುನಿರಾಜ್, ಕೆ.		
9.	அசோக்குமார், ஏ. अशोक्कुमार, ए. ಅಶೋಕ್‌ಕುಮಾರ್, ಎ.		
16.	மேற்காணும் நபர்களில் எவருமில்லை पैन तेलिसिन व्यक्तुललो एवरुलेरु. ಮೇಲೆ ತಿಳಿಸಿರುವ ವ್ಯಕ್ತಿಗಳಲ್ಲಿ ಯಾರೂಗಳ.		

SÍMBOLOS E ÍCONES

Votar num relógio ou num avião

Na sociedade de hoje, pode ser difícil perceber que o analfabetismo ainda é tão comum. No Afeganistão, só uma a cada três pessoas sabe ler e escrever, e, em muitos países da África subsaariana, metade da população é iletrada. A Unesco acredita que o analfabetismo pode ser erradicado até 2030, mas até lá deveríamos ter em mente que 757 milhões de pessoas ao redor do mundo são ignoradas pela maior parte da comunicação.[24]

Na Índia, 25% da população é analfabeta, então criar uma cédula de votação vira um desafio. Partidos desenvolveram símbolos para que as pessoas possam votar. A Comissão Eleitoral conta com centenas de símbolos que os partidos podem escolher, mas eles também podem propor um novo. Exemplos: um guarda-chuva, uma mão, uma flor de lótus ou um carro, mas também a foice e o martelo.

Alguns países africanos com altas taxas de analfabetismo usam retratos,[25] mas as eleições na Índia podem ter mais de dezoito candidatos, e ficaria confuso. Na década de 1990, o Brasil passou a usar números para votar, mas analfabetos ainda têm dificuldades com números com mais de um dígito.[26] Símbolos funcionam porque podem ser veiculados pela TV; são simples, distintos entre si e fáceis de lembrar.

Eleitores no Afeganistão também votam com símbolos. Em 2013, os partidos podiam escolher o seu, o que levou a algumas escolhas curiosas: Qutbuddin Helal, cuja facção política jihadista foi denunciada por abuso de direitos humanos, escolheu a balança da justiça como símbolo para seu partido político.[27]

Símbolos não simplificam, necessariamente, o processo eleitoral. São usados junto com o nome do candidato, o número e o retrato. A Índia conta com 22 línguas oficiais, então, mesmo erradicando o analfabetismo, os símbolos continuarão fornecendo um auxílio visual indispensável para o design da cédula.

← Cédula de eleição da Índia, 2014. Imagem: Election Commission of India, mar. 2015.

Atletismo ofensivo

Nomes de times e mascotes têm um papel importante no mundo dos esportes, e fãs se sentem profundamente conectados a eles. Quando organizações pedem que um time mude de nome ou de mascote porque o julgam ofensivo, a resposta costuma ser inflamada. Daniel Snyder, dono do Washington Redskins [Peles Vermelhas], afirmou em 2013: "Nunca mudaremos de nome, simples assim".

Nenhum outro grupo étnico do esporte americano é retratado de forma tão estereotípica como os indígenas. A apropriação cultural de nomes e de mascotes começou na primeira metade do século XX, quando o racismo era legalmente institucionalizado. Em 1932, as "regulações civilizatórias" federais ainda estavam vigentes, confinando indígenas a suas reservas, proibindo qualquer dança ou cerimônia nativa, confiscando sua propriedade cultural e proibindo boa parte do que seria a vida tradicional de um indígena.[28]

Durante essa época de racismo institucionalizado, times com nomes e mascotes indígenas eram muito populares. Nenhum deles contava, de fato, com um indígena na equipe, e os símbolos que retratavam indígenas como selvagens ou bárbaros eram criados com pouco conhecimento ou respeito pelos costumes tribais ou pela realidade.[29]

Muitos desses estereótipos da década de 1930 permaneceram até meados dos anos 1990, quando a pressão de organizações indígenas levou os primeiros times a mudar de nomes e de mascotes. Ainda restam mais de 2 129 equipes usando nomes e iconografia indígenas, e a maioria é de institutos educacionais como colégios e universidades, que teriam a responsabilidade de educar sua comunidade.[30]

Estereótipos étnicos são perigosos porque impedem que o grande público compreenda a história e a realidade cultural do grupo retratado. De modo geral, designers devem evitar representações levianas de culturas, raças ou nacionalidades que não a própria.

← Imagens do canto superior esquerdo ao canto inferior direito: Washington Redskins, logo do time da NFL, 1972-hoje. Atlanta Braves, mascote da MLB, Chief Noc-A-Homa, 1950–86. Coachello Valley Arabs, logo de time de colégio, 1910–2014. Frölunda Indians, logo de time de hóquei, Gotemburgo, Suécia, 1970-hoje. Cleveland Indians, mascote da MLB Chief Wahoo, 1951-hoje. Chicago Blackhawks, logo do time da NHL, de 1937–55 e de 1991–hoje. St. John's Redmen, mascote do basquete universitário, Chief Blackjack, 1928–94.

SUMÁRIO

INFOGRAFISMO

Colonialismo e cartografia ... 150

Mapas-múndi ... 152

Mapas e legendas ... 156

Mapeando a imigração ... 161

Gráficos de desinformação ... 162

Arquitetura da escolha ... 168

Formulário fracassado ... 171

Dez diretrizes para o design nas eleições ... 172

Bandidos do tempo ... 173

Espécies espaciais ... 177

Padrões e desvios ... 179

A tirania da normalidade ... 180

A face dos dados ... 183

MAPAS

Colonialismo e cartografia

Em novembro de 2014, a invasão russa da Crimeia, península ucraniana, tornou-se um verdadeiro campo de batalha no Google Maps. No começo, ele mostrava a Crimeia como uma área em disputa com uma fronteira pontilhada. Depois de pressão do governo russo, o Google foi forçado a mudar de modo que, na Rússia, as pessoas vejam o território no aplicativo como pertencente à Rússia. Fora dela, a área ainda está marcada como em disputa.

A noção de que mapas fornecem um retrato objetivo ou científico do mundo é um mito corriqueiro. A natureza gráfica dos mapas simplifica a realidade, dando aos cartógrafos e aos usuários uma sensação de poder desprovida de responsabilidades sociais e ecológicas. Detalhes como colorir áreas ou os diferentes tamanhos da tipografia podem ter

↑ Mapa do mundo com o Império Britânico destacado em vermelho, projeção de Mercator. J. C. R. Colomb. Grã-Bretanha: MacClure & Co, 1886. Imagem: commons.wikimedia.org.

consequências políticas significativas. Por exemplo, quando os nomes das cidades são omitidos de um mapa, isso pode sugerir que a área não é de grande interesse, enquanto acrescentar nomes, detalhes e outras informações indica que aquela área é importante.

A cartografia é um ofício antigo, mas sua versão moderna surgiu na época do colonialismo europeu. Mapas eram indispensáveis para que navios navegassem pelos oceanos e legitimaram a conquista de territórios. Às vezes, apenas mapear um território que acabava de ser descoberto era o suficiente para conquistá-lo, sem precisar desembarcar nele ou ter qualquer conhecimento da população nativa e sua história.

Mesmo o fato de que colocamos o norte no topo do mapa é o resultado de um domínio econômico da Europa ocidental a partir de 1500. Um mapa não tem uma direção privilegiada no espaço. Afinal, a terra não tem para cima ou para baixo nem centro geográfico.[1]

A melhor maneira de retratar o mundo é mostrando um globo, porém, como uma esfera nunca pode ser visualizada de todos os lados simultaneamente e revelar o mundo inteiro, traduções para uma superfície plana são necessárias. Essa tradução é chamada de projeção. Não existe uma só projeção que possa ser considerada a melhor ou a mais precisa, pois nenhuma superfície curva pode ser projetada sem sofrer distorções.[2] Nas páginas seguintes veremos os exemplos mais conhecidos.

↑ Mapa chinês com a China ao centro. Fonte: hongkong-expat.over-blog.com.

Mapas-múndi

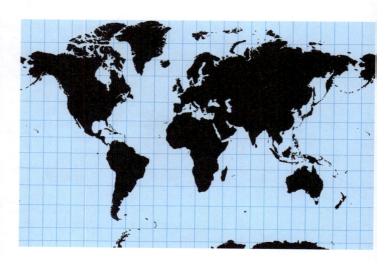

O mapa-múndi colonialista

Tendo sido classificado de "colonial", "malévolo" e "falso", o mapa de Mercator é uma monstruosidade que insiste em não desaparecer. Provavelmente foi usado em sua aula de geografia e é a projeção padrão do Google Maps, do Bing Maps e do Apple Maps. Foi desenhado em 1569 pelo cartógrafo Gerardus Mercator com finalidades náuticas, usando direções da bússola como se fossem linhas retas. Isso repuxa os polos Norte e Sul para cima, fazendo a África e a América do Sul parecerem muito menores. A Austrália parece menor que a Groenlândia, quando na verdade é três vezes maior.[3] O mapa Mercator nos dá uma visão de mundo do século XVI porque mostra a Europa maior e os países colonizados menores. Arno Peters o criticou em 1973 dizendo: "Ele sobrevaloriza o homem branco e distorce a imagem do mundo para vantagem dos mestres coloniais da época". Ou seja, sempre que tiver escolha, não use o mapa Mercator.

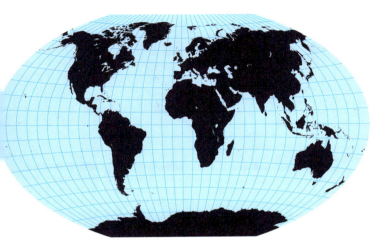

A escolha mais segura para um mapa-múndi

Um mapa-múndi é uma projeção de um espaço tridimensional numa superfície plana. Isso leva a uma distorção na distância, na direção ou no tamanho das áreas, e cartógrafos precisam escolher o que julgam ser o mais importante. Alguns mapas são melhores para direções da bússola, outros representam melhor as áreas. O Winkel Tripel é um mapa-múndi criado em 1921 pelo cartógrafo alemão Oswald Winkel, que tentou minimizar a distorção dos três elementos (daí o nome de Winkel Tripel, ou Winkel III). Permaneceu bastante obscuro até 1998, quando a National Geographic Society anunciou que o Winkel Tripel se tornaria a projeção preferencial. Desde então, muitos livros escolares e institutos de educação seguiram a recomendação. O Winkel Tripel ainda apresenta certa distorção nos polos Norte e Sul, mas se sai melhor que muitos outros. Para uma representação precisa do mundo, é uma escolha segura.

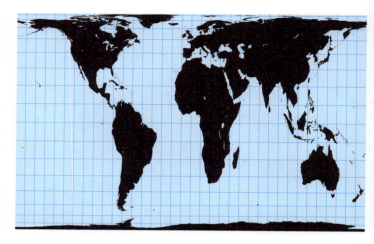

O mapa politicamente correto

Em 1973, quando o cineasta alemão Arno Peters criticou o mapa Mercator por ser colonial, ele também apresentou uma alternativa mais igualitária. Sua solução foi representar fielmente as áreas, de modo que fosse possível comparar o tamanho dos continentes e dos países. Logo descobriu-se que James Gall já tinha feito o mesmo em 1855, então o mapa ficou conhecido como Gall-Peters. Cada área do mapa corresponde a uma área equivalente de território. Pode parecer estranho para quem está acostumado com o Mercator, no qual a África e a América do Sul aparecem muito menores. O mapa Gall-Peters é considerado um dos melhores do mundo. É promovido pelas Nações Unidas como um padrão e usado em escolas britânicas. Sua única falha é que, para tornar as áreas iguais, distorce a forma dos continentes. O Ártico aparece muito achatado e o equador, muito comprido. Mas, se você procura um mapa que represente áreas iguais, é a escolha politicamente correta.

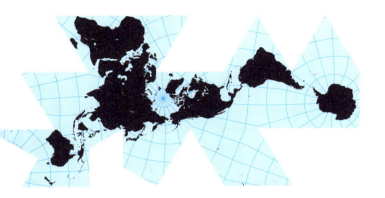

O mapa-múndi com o melhor design
Por que os mapas sempre estão na direção norte? Por que precisam de determinado continente no centro? Essas escolhas são sujeitas a um viés cultural e têm consequências indesejáveis no ofício da cartografia. Por isso, em 1943 o designer e inventor Buckminster Fuller desenhou um mapa-múndi sem topo ou parte de baixo, esquerda ou direita: o mapa Dymaxion. Ao dividir o mapa em vinte triângulos, este podia ser dobrado para formar um icosaedro esférico. Dessa maneira, o mapa podia ser visto como o usuário preferisse, e não apenas como o cartógrafo o planejou. Sua única falha é que Fuller não era cartógrafo. Cada triângulo possui latitude e longitude diferentes, as direções têm problemas graves e as áreas de vários triângulos foram distorcidas. O mapa Dymaxion pode não ser muito útil para a cartografia séria, mas mostra todos os continentes conectados e oferece uma visão de um mundo pós-nacionalista. Como Fuller diz, apresenta "a Terra em uma só ilha".[4]

Mapas e legendas

INFOGRAFISMO

157

Os povos indígenas do Ártico são conhecidos por seu design engenhoso. Por muitos anos, os inuítes Ammasalik da costa leste da Groenlândia criaram mapas de madeira das regiões costeiras que não foram criados para serem lidos, mas sentidos. De um tamanho que cabia na mão e feito com material que flutuava, eram ideais para navegar na escuridão do Ártico num caiaque. Um design prático e inteligente que mostra como os mapas podem ter formas e funções diferentes.[5]

↑ Mapa cortado em madeira acima: costa da ilha principal, retratando a costa leste da Groenlândia, da península entre Sermiligak e Kangerdluarsikajik. Mapa abaixo: costa leste da Groenlândia, de Kangerdluarsikajik a Sieralik, 1885. Imagem: Greenland National Museum & Archives.

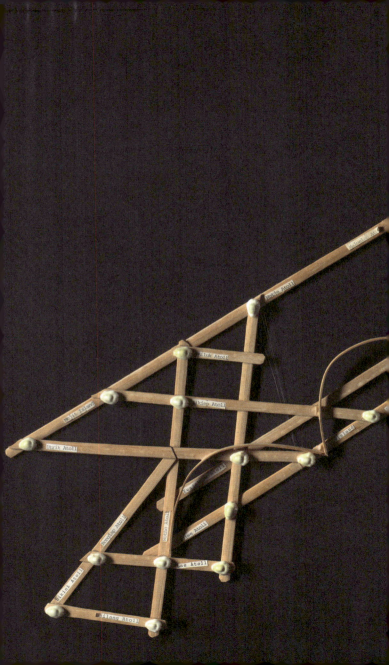

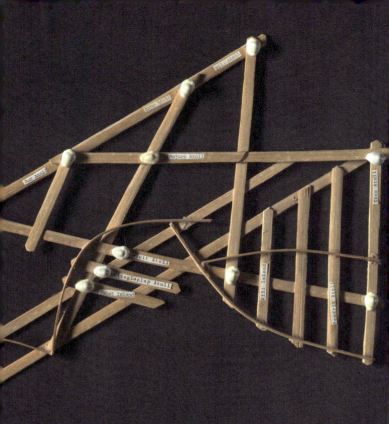

Um dos mapas mais inusitados já concebido é este das ilhas Marshall, um país no meio do Pacífico. Os habitantes usam varetas para representar as correntes marítimas e ensiná-las aos navegantes. As conchas pontuam as ilhas.

Poucos sabiam criar esse tipo de mapa, e a técnica passava de pai para filho. Os mapas não eram levados em viagens, mas memorizados de antemão pelo navegador. O que os torna tão singulares é o fato de que os cartógrafos das ilhas Marshall foram os primeiros a mapear as correntes marítimas.[6]

↖ Mapa de varetas das ilhas Marshall. Indica direções de navegação para atóis e ilhas tanto na cadeia Ratak (leste) como na Talik (oeste) das ilhas Marshall. Imagem: National Library of Australia.

Mapeando a imigração

Em 2015, durante a guerra civil síria, milhões de sírios fugiram para países vizinhos e para a Europa. O abrigo de refugiados gerou discussões e tumultos políticos. Estas são duas tentativas de explicar o tamanho do fluxo de refugiados usando gráficos de informações.

Nesta página, é possível ver o mapa interativo criado por Lucify para mostrar o fluxo de refugiados para a Europa. Cada ponto representa de 20 a 25 refugiados, de acordo com dados da UNHCR. Na escala do mapa, o tamanho dos pontos e seus traços fazem os números parecerem gigantescos em relação ao tamanho da Europa. O mapa também deixa de fora os refugiados que buscaram asilo no Oriente Médio, insinuando que todos foram para a Europa.

Na verdade, o número de refugiados que se abrigaram no Oriente Médio é 48 vezes maior do que na Europa, o que aparece à esquerda, em um vídeo de Gapminder. Blocos de madeira são usados para mostrar o número de refugiados na Europa em relação ao do Oriente Médio. Esses exemplos revelam como é possível contar duas histórias completamente diferentes com os mesmos dados.

↑ Lucify, "The Flow Towards Europe", 2015. Fonte: www.lucify.com.
← Gapminder, "Where Are the Syrian Refugees?", 2015. Fonte: youtu.be/0_QrlapiNOw.

Gráficos de desinformação

Agradecimentos a Vincent Meertens

Um gráfico pode ser um método muito eficaz de argumentar visualmente. Mesmo sem falsificar dados, há maneiras de manipular ou de influenciar a interpretação deles. Mentir usando gráficos pode ser feito de propósito para enganar ou manipular uma opinião, mas, em muitos casos, ocorre porque um designer está focado demais no design e pouco no conteúdo. O designer Edward R. Tufte, especialista em gráficos informativos, escreveu muito acerca da integridade da visualização de dados.

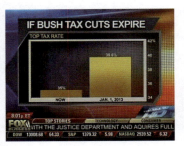 

Encurtando o eixo

A maneira mais simples de influenciar a visualização de dados é alterar a escala. Ao deixar de fora a base do gráfico, os efeitos de crescimento ou declínio são amplificados de forma significativa. O gráfico da esquerda foi exibido na Fox Business em 2012, mostrando um aumento drástico no maior indicador de imposto, que variou de 35% para 39,6%. Olhando mais de perto, vemos que os 34% de baixo e os 60% de cima são deixados de fora para aumentar o contraste. O gráfico da direita é o mesmo, mas inclui as porcentagens de baixo, começando do zero e indo até 100. Usando escalas diferentes, cada gráfico mostra um retrato radicalmente diferente da mesma variação de 4,6%.

↑ Fox Business, 2012. "Se a taxa de imposto de Bush expirar", gráfico que compara o cenário da taxa de imposto máxima entre dezembro de 2012 e janeiro de 2013.
↗ O mesmo gráfico recriado. Imagem por Ruben Pater.

Gráficos cumulativos

Quando a Apple apresentou os números de iPhones vendidos em 2013, o gráfico mostrava um crescimento extraordinário. Ele era cumulativo: acrescentava as vendas de cada ano ao anterior. O gráfico da esquerda é o de uma apresentação da Apple, e o da direita foi feito por David Yanofsky,[7] com base nos relatórios trimestrais da empresa, e revela que, na verdade, as vendas vêm caindo nos últimos três trimestres. O gráfico cumulativo é uma ferramenta útil se você quiser esconder resultados decepcionantes, pois vai sempre mostrar um padrão de crescimento.

Correlação, não causa

Justapor dois conjuntos de dados sem relação num gráfico pode criar a ilusão de que há uma relação causal. Tyler Vigen cria gráficos que mesclam conjuntos de dados totalmente sem conexão com similaridade impressionante. Por exemplo, a idade da Miss América parece estar muito relacionada a assassinatos com vapor e objetos quentes. Sua abordagem bem-humorada revela como é surpreendentemente fácil sugerir uma ligação causal por meio de gráficos.

↑ Apresentação da Apple, 2013. Imagem: The Verge.
↗ O mesmo gráfico recriado. Imagem por Ruben Pater.
↑ Imagem: Tyler Vigen. www.tylervigen.com.

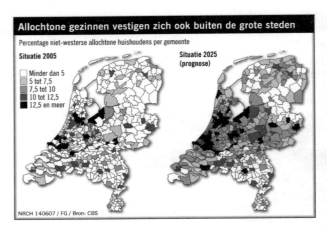

Mapas com códigos de cores

Mapas de dados costumam ser usados na visualização de informação mas podem apresentar alguns problemas básicos dos quais devemos estar cientes. O mapa acima, de um jornal holandês, mostra a projeção do crescimento das habitações de primeira e segunda gerações de imigrantes não ocidentais no país. À primeira vista parece bem objetivo contudo apresenta três problemas.

Primeiro, a divisão é por municípios, mas as medidas são tomadas por cidades. Partes do mapa de 2025 que estão pintadas de preto são, na verdade, reservas naturais ou áreas de pouca densidade populacional, o que influencia sua interpretação visual.

Segundo, o mapa está colorido com tonalidades entre branco e preto, a representação de maior contraste possível. Mas o preto representa apenas 12,5% ou mais da população e o branco, menos de 5% fazendo o contraste entre o maior e o menor número parecer maior do que de fato é.

Terceiro, o assunto trata de imigrantes não ocidentais. Ao escolher o contraste máximo, o gráfico se torna relacionado visualmente à cor da pele. Ele pode ser interpretado como "a Holanda está se tornando mais 'preta'". Essas escolhas de design provavelmente não foram intencionais, entretanto influenciam a interpretação.

↑ NRC Handelsblad, 14 jun. 2007 © NRC. Título: "Imigrantes não ocidentais também se mudam para fora das cidades grandes". Abaixo: "Porcentagem de imigrantes não ocidentais por município. Situação 2005, situação 2025 (prognóstico)".

Escolhendo o formato de um gráfico

O tipo de gráfico também influencia a interpretação do leitor. Por exemplo, o mesmo dado aparecerá de maneira diferente num gráfico de pizza, num de barras ou numa linha de ícones. Os gráficos abaixo mostram que a mesma informação pode contar uma história muito diferente em cada formato.

Outra dimensão

Pode-se acrescentar também profundidade para tornar os gráficos mais atraentes, mas isso pode influenciar a interpretação. Um truque para distorcer um gráfico é acrescentar perspectiva sem usá-la como informação. Veja estes gráficos de pizza: ambos mostram a mesma divisão de 25%, mas, no gráfico da direita, a área escura parece muito maior.

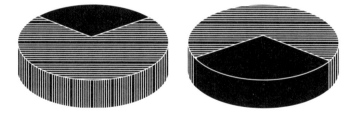

O poder da visualização de dados

Na atual sociedade da informação, a boa visualização de dados possibilita traduzir processos globais para um grande público. O grupo de pesquisa e design francês Bureau d'Études cria gráficos para mostrar as relações complexas do poder global e da política. Dizem que o objetivo é "revelar o que normalmente fica invisível". Eles podem ser baixados de graça no site em diferentes línguas e têm com objetivo informar um público amplo. Para ver o conteúdo completo, visite www.bureau detudes.org.

↑ 40% visualizado em gráficos diferentes. Fonte: InfoNewt, llc. 2016. Imagem: Ruben Pater.
↑ Dois gráficos de pizza mostrando 25%. Imagem: Ruben Pater.
→ Bureau d'Etudes. Governos mundiais, versão em inglês, 2013.

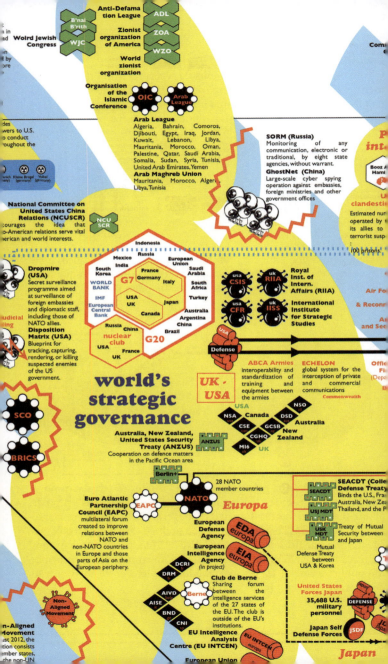

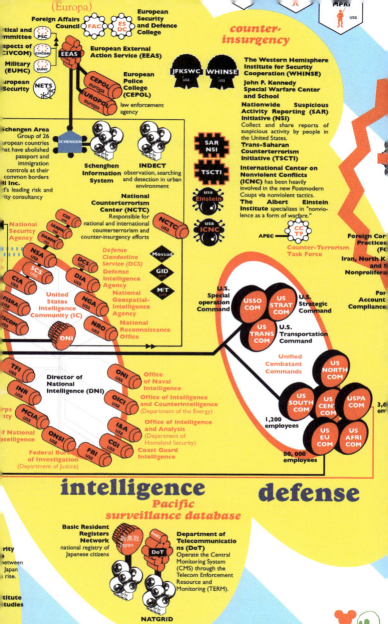

Arquitetura da escolha

☑ Desmarque esta caixa se você não quiser receber nossos spams

Quando estamos solicitando um visto ou preenchendo o formulário de imposto de renda, obedecemos a perguntas seguindo o design. Se o formulário usar fotos coloridas e fonte Comic Sans, vamos questionar sua autenticidade. O projeto dos formulários é baseado em autoridade, e seus designers não estão interessados apenas em legibilidade e funcionalidade: escolhem cores, elementos gráficos e fontes que criam uma identidade apropriada de autoridade. Formulários são uma visualização bastante direta de uma estrutura de poder.

Designers de formulários tornam-se arquitetos de escolhas. Eles precisam elencar de maneira cuidadosa as opções apresentadas ao leitor e organizá-las de modo que o leitor possa fazer sua escolha. As pessoas são sensíveis à autoridade do formulário, e isso faz com que sua arquitetura permita a manipulação. Um bom arquiteto pode elaborar o formulário de modo a favorecer certos resultados. Por exemplo, ao criar um formulário de doação para caridade, se as opções são 20, 50 ou 75 euros, a doação média será mais elevada do que se o formulário sugerisse 5, 10 ou 20 euros, ou então a opção única de 20 euros.

Um arquiteto de escolhas dá um empurrãozinho para que a pessoa tome decisões que beneficiem quem recebe a informação. Por exemplo, muitos formulários obrigam a responder se a pessoa é do sexo masculino ou feminino. Essa pergunta é raramente exigida em termos legais, mas sempre a incluem porque pode ser armazenada e usada depois para um marketing específico de produto. Como qualquer pergunta posta nesse formulário parece legítima e relevante, a pessoa tende a responder.

↑ Exemplo extraído de www.darkpatterns.org. Imagem: Ruben Pater.

Padrões obscuros

No mundo da arquitetura de escolhas, "padrões obscuros" são métodos para manipular o usuário a optar por algo contra sua vontade. Encontramos esse tipo de tática especialmente no design de experiência do usuário. Por exemplo, quando você compra um *tablet* numa loja on-line, o site adiciona uma capa protetora a seu pedido ou, quando você vai reservar um voo, a linha aérea automaticamente adiciona um seguro de viagem. Em ambos os casos, o leitor precisa realizar uma ação adicional para desfazer a compra que nunca quis. Arquitetos de escolhas sabem muito bem que a maioria das pessoas lê de forma distraída o texto na tela e se aproveitam disso.

Os supermercados usam arquitetura de escolhas para levar você a comprar certos produtos. Por exemplo: se há dois sacos de maçãs orgânicas, e uma custa 10 reais por setecentos gramas e a outra, 12 por um quilo, as pessoas tendem a levar a opção de 10 reais, ainda que a outra tivesse um preço menor por grama.

Designers que estão cientes da arquitetura das escolhas podem usá-la para nos tornar cientes de seus poderes. O designer Martijn Engelbregt faz uso da autoridade do formulário como tática de resistência civil. Seu "antirroteiro" é um formulário que qualquer pessoa pode usar quando recebe uma ligação de telemarketing que segue um roteiro pronto. Ele inverte a hierarquia de poder ao direcionar as perguntas de volta ao operador de telemarketing. Imprima o seu em www.egbg.home.xs4all.nl/counterscript.html.

↑ Exemplo extraído de www.darkpatterns.org. Imagem: Ruben Pater.

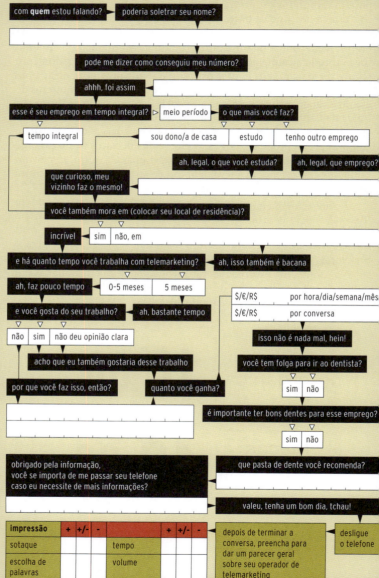

Formulário fracassado

As consequências de um péssimo design de formulário podem ser ilustradas pelo famoso fiasco da eleição dos Estados Unidos em 2000. Nessa eleição muito disputada, atribuiu-se aos formulários mal projetados um número maior de erros, influenciando os resultados. O famoso cartão de furar, da região de Palm Beach, listava os democratas em segundo lugar, mas os eleitores tinham que perfurar no terceiro campo. Marcar o segundo daria o voto para o partido reformista. Os resultados mostraram que o candidato reformista se saiu muito bem nessa região.

Nos Estados Unidos, não há um sistema unificado de votação e utilizam-se muitos modelos diferentes, não raro com linguagem confusa, fonte pequena ou gráficos dúbios. Por isso, a AIGA, associação de design do país, pesquisou os efeitos do design nas eleições e definiu diretrizes para melhoria. Na página seguinte estão as dez sugestões para aprimorar o design, reproduzidas aqui numa versão editada. É possível encontrar mais informações em www.designfordemocracy.org.

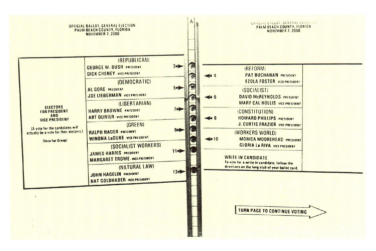

↑ Formulário oficial das eleições gerais de 7 de novembro de 2000. Palm Beach, Florida, EUA.
← Martijn Engelbregt, Counterscript ©1994–2005 EGBG.

Dez diretrizes para o design nas eleições

Texto por AIGA

1. Use minúsculas, são mais legíveis do que TUDO EM CAIXA-ALTA.
2. Evite alinhamento centralizado. Ele força o olho a interromper a leitura procurando a próxima linha. A fonte alinhada à esquerda é mais legível.
3. Use uma fonte suficientemente grande. Texto em fonte pequena é de difícil leitura e pode intimidar ou alienar os eleitores. Use no mínimo 12 pontos para material impresso ou 25 para *touchscreens*.
4. Escolha uma fonte sem serifa. Evite variar a fonte, o que exige que o olho pare de ler e ajuste sua visão. Para materiais em duas línguas, use negrito para a língua principal e regular para a secundária.
5. Ajude no processo e na navegação. Para cédulas com leitura óptica, forneça as instruções consistentes e numere as páginas.
6. Use linguagem simples e objetiva. Dê instruções e opções da maneira mais clara possível.
7. Use ilustrações instrutivas precisas. Instruções visuais ajudam os eleitores em geral e aqueles com baixo nível de letramento. Fotos não são recomendadas.
8. Use apenas ícones informativos. Evite símbolos de partidos políticos. Ícones que chamem a atenção para informações importantes e facilitem a navegação são recomendados para uso limitado.
9. Use contraste e cores de forma funcional. Empregue cores e sombreamento com consistência: nas cédulas com leitura óptica, use-as para diferenciar as instruções do conteúdo e dos cargos em que a pessoa pode votar. Não se pode confiar na diferenciação cromática como única maneira de transmitir informações importantes.
10. Decida o que é mais relevante. A página, o layout da tela e o tamanho do texto devem valorizar a hierarquia das informações. Por exemplo, o título deve ser mais proeminente do que o nome dos cargos, e o nome dos cargos deve aparecer com mais ênfase do que o nome dos candidatos, os quais, por sua vez, devem estar mais visíveis do que sua afiliação partidária.

↑ Fonte: www.aiga.org/election-design-top-ten

INFOGRAFISMO

Bandidos do tempo

Antes da invenção do relógio, as horas eram calculadas pela posição do Sol. Cada vilarejo tinha, portanto, seu próprio horário. No século XIX, com a construção de estradas de ferro e telégrafos, isso se tornou inviável, então, em 1884, foi decidido que o mundo seria dividido em 24 zonas de 15 graus de longitude. Como a potência mundial da época era a Grã-Bretanha, os fusos horários começam em Greenwich, no Reino Unido.

Por questões práticas, muitos países vizinhos compartilham o mesmo horário, mas essa é uma decisão sujeita ao poder político. A China, por exemplo, costumava ter cinco fusos, mas, em 1949, Mao Tsé-Tung declarou que deveria existir apenas um. Isso está longe do ideal para um país dessa magnitude, já que nas regiões mais ao oeste o Sol não nascia antes do meio-dia no inverno.

Mudar um fuso horário pode ser uma declaração simbólica contra inimigos históricos. Em 2015, o líder da Coreia do Norte, Kim Jong-un, voltou o fuso horário para o que era antes da ocupação japonesa. Em 2014, a Bolívia declarou que a direção do relógio era colonialista, e os relógios do governo passaram a rodar no sentido anti-horário – o ministro das Relações Exteriores, David Choquehuanca, chamou isso de "relógio do sul".

Mesmo quando os fusos horários não são sujeitos a nacionalismos, ainda refletem certas ideologias. A maioria de fusos é planejada para abrigar jornadas de trabalho que permitam a produção contínua, independentemente do movimento solar. Outro exemplo é a invenção do horário de verão, que, com o argumento de economizar energia, permite que as pessoas façam mais compras depois do trabalho.

O mapa das próximas duas páginas mostra os fusos horários mundiais. Mesmo sem fronteiras nacionais, fica claro quais países escolheram divergir da divisão de 1884.

↑ Esquerda: relógio colonial. Direita: relógio do sul, Bolívia. Imagem: Ruben Pater.
→ Fusos horários mundiais na projeção Mercator. Imagem: Ruben Pater.

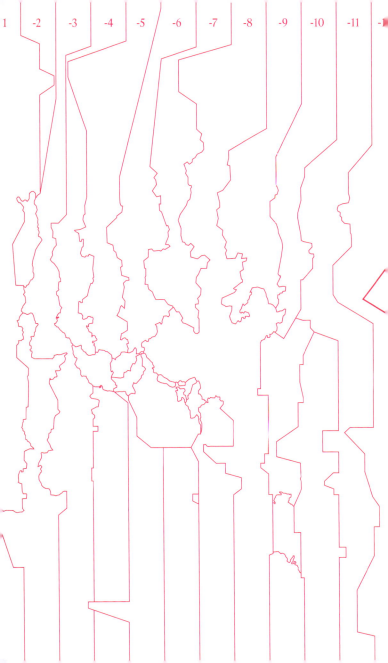

Viagem no tempo

"Em que ano estamos?" não é uma pergunta que se costuma ouvir fora de um filme de ficção científica. Mas a resposta será diferente dependendo da região. O calendário-padrão internacional é o gregoriano. Ainda se usam dezenas de calendários diferentes, e cada um considera uma contagem e uma notação de data diferentes. O Irã e o Afeganistão usam o calendário persa, a Etiópia, o etíope, a Arábia Saudita, o islâmico, Bangladesh, o bengali, a Índia, o calendário nacional indiano, e Israel, o hebraico. Então, de acordo com o local onde você se encontra, a resposta pode variar em milhares de anos.

Em que ano estamos? Em 1394 no Teerã, 1422 em Daca, 1437 em Riade, 1937 em Nova Délhi, 2008 em Adis Abeba, 2015 em Hill Valley, 5776 em Tel Aviv.

INFOGRAFISMO. 177

Espécies espaciais

Qual é a aparência dos humanos de acordo com a Nasa? Em 1972, o astrônomo norte-americano Carl Sagan desenvolveu uma placa para a espaçonave Pioneer 10 como uma mensagem da humanidade para possíveis encontros com vida extraterrestre. Nessa placa um homem está acenando e uma mulher aparece numa posição "submissa", com o pé esquerdo mais afastado. A figura masculina é mais alta que a feminina, estabelecendo uma hierarquia. Sagan buscava oferecer uma imagem pan-racial da humanidade, mas ambas as figuras claramente possuem cabelo e corpo caucasianos. Como representação universal da humanidade, foi criticada por ter um viés sexual e racial. Em 2015, um grupo de cientistas encontrou-se em Leeds para falar do SETI (Busca por Inteligência Extraterrestre). Concordaram que a placa da Pioneer tinha esse problema, e uma nova mensagem precisaria representar uma imagem mais igualitária da humanidade. A Pioneer 10 está saindo do Sistema Solar neste momento.

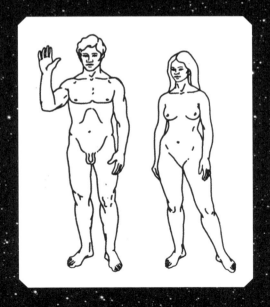

↑ Placa da Pioneer (detalhe). Criada por Carl Sagan e Frank Drake; arte de Linda Salzman-Sagan
© Nasa, 1972.

PADRÕES CORPORAIS

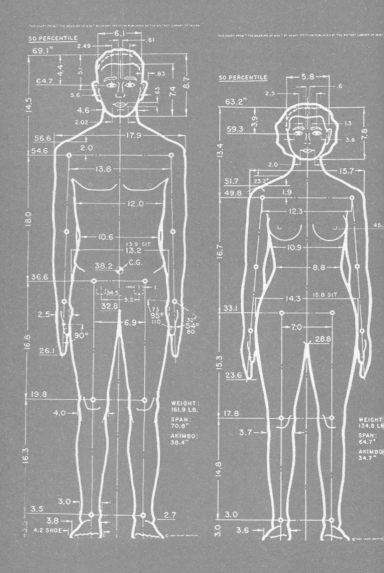

INFOGRAFISMO 179

Padrões e desvios

A mulher média tem 1,60 metro de altura e pesa 62,5 quilos. O homem tem 1,75 metro e pesa 78,4 quilos. Se esses padrões não se aplicam a você, então, para os padrões de design, você não é normal.

Os desenhos da esquerda foram tirados de *As medidas do homem*, livro de 1959 do designer Henry Dreyfuss. Ele implementou medidas referenciais para o design de produtos em grande escala e, graças a ele, a probabilidade de nos machucarmos com objetos fabricados é baixa. Dreyfuss e sua equipe especificaram todo tipo de medidas, para sentar, ficar de pé e dirigir, e elas se tornaram padrões internacionais. Seu livro foi reimpresso como *As medidas do homem e da mulher* e ainda é usado como manual nas escolas de design e nas universidades.

Padrões são úteis para a produção em massa, mas também criam um senso de verdade equivocado. A imagem à esquerda, extraída do livro, é problemática por vários motivos. Projeta uma visão binária de gênero, ignorando a variedade que compõe a sociedade. Em 2014, o Facebook introduziu 58 escolhas para gênero, entre elas: andrógeno, cisgênero, *genderqueer*, bigênero, *mither*, pangênero e transgênero.[8]

As medidas dos homens no livro de Dreyfuss são baseadas em dados militares dos Estados Unidos, o que significa que os corpos fora da norma militar simplesmente não são levados em consideração. Dreyfuss assume que o tipo de corpo masculino ideal é o de um jovem, em boa forma e de ascendência europeia ocidental. Nem todo mundo compartilha desses padrões, e os padrões de Dreyfuss são baseados nesse tipo (idealizado) que dificilmente pode ser visto como universal. Por exemplo, a mulher média na Bolívia tem 1,42 metro, enquanto o homem médio nos Alpes Dináricos tem 1,85.

Dreyfuss explicou seus padrões limitados da seguinte maneira: "Não é usual projetar para todos. Os poucos localizados nos polos da normalidade podem representar divergências tão extremas que seria muito extenso e caro produzir um guia de design levando isso em conta".[9]

← Imagem de: Henry Dreyfuss, *As medidas do homem e da mulher: Fatores humanos em design*. Bookman, 2005 ©1993, Henry Dreyfuss Associates.

A tirania da normalidade

O que é normal? A normalidade é um conceito que não existia antes do século XIX na sociedade ocidental, de acordo com Lennard J. Davis em "Bodies of Difference: Politics, Disability, and Representation" [Corpos da diferença: política, incapacidade e representação].[10] Com a ascensão dos primeiros Estados-nação, o trabalho de documentar e fotografar a população nacional foi um meio de construir uma imagem do cidadão ideal, a partir do que era uma colcha de retalhos de culturas. Cidadãos eram contados, medidos e fotografados para verificar quais pertenciam à cultura "nacional".

O então novo meio fotográfico teve um papel importante na classificação de grupos dentro da sociedade e na definição das particularidades visuais dos elementos indesejados. A fotografia era usada por instituições para regulamentar o comportamento social; na medicina, para estudar as doenças; e fotos de rosto e impressões digitais eram úteis como prova na área criminal.[11]

Criminalistas como Cesare Lombroso se valeram da fotografia na tentativa de provar que a criminalidade era algo herdado e perceptível nas características físicas. À direita estão fotos usadas para provar essa teoria. Pseudociências como a eugenia e a frenologia fizeram uso de medidas e características físicas como base para que uma cultura dominante pudesse oprimir outras.

O racismo científico era muito difundido nos séculos XVIII e XIX. Os resultados desses experimentos serviram para justificar a superioridade europeia sobre outras raças e para legitimar o colonialismo. Entretanto, depois desse racismo científico ter levado ao horror da Segunda Guerra Mundial, a ciência dominante passou a rejeitar suas teorias e práticas.

Ainda existem sistemas que tentam nos adequar a uma ideia de normalidade. Câmeras de vigilância, redes sociais, escolas, lugares de trabalho e os padrões de beleza na mídia são partes de uma estrutura que molda nosso comportamento.[12] Graças às imagens que vemos todos os dias, sabemos exatamente o que significa ser um bom cidadão e ter um corpo bonito e um rosto confiável. Nós nos sujeitamos às forças invisíveis da normalidade.

↑ Imagem de: Cesare Lombroso, *L'uomo delinquente in rapporto all'antropologia, alla giurisprudenza ed alla psichiatria*. Fratelli Bocca, 1897, 5. ed. Fonte: Fondo Antiguo de la Universidad de Sevilla. www.flickr.com/photos/fdctsevilla.

RECONHECIMENTO FACIAL

↑ Aviso de que a pessoa piscou da câmera digital Nikon Coolpix S630. Imagem © Joz Wang, 2010.
↑ Reconhecimento facial. Fonte: @josh_popple.

INFOGRAFISMO

A face dos dados

A tecnologia de imagem foi muito bem-sucedida em documentar e vigiar cidadãos. Seu rosto, impressão digital, retina e até mesmo seu jeito de andar podem ser usados para a identificação biométrica. Retratos para fotos oficiais de passaporte são feitos seguindo padronizações e regulamentações estritas.

No futuro, seu passaporte pode nem importar mais. O reconhecimento facial pode revelar muito mais a respeito de uma pessoa do que um passaporte: é capaz de reconhecer sua idade, gênero e até se alguém está nervoso, empolgado, irritado ou feliz. O rosto reconhecido pode ser instantaneamente conectado com contas de rede sociais e bancos de dados on-line, dando às autoridades acesso ao círculo de amigos, aos familiares, às avaliações de crédito, ao histórico pessoal e ao estado de saúde. Em breve, seu rosto não será capaz de esconder nada.

Sites de redes sociais e câmeras comuns usam reconhecimento facial para identificar pessoas em fotos e conectar suas identidades. Mas o software de análise de imagem é desenvolvido por humanos e está sujeito aos mesmos preconceitos culturais que todo o resto. Isso ficou claro quando as webcams da Hewlett Packard reconheceram o rosto de pessoas brancas, mas não o de negras. Em outro caso, câmeras da Nikon mostravam um aviso de que a pessoa piscou quando se fotografavam asiáticos.

O artista Adam Harvey cria obras que permitem que pessoas escapem do reconhecimento facial automático e outras tecnologias que invadem sua privacidade. *CV Dazzle* usa a moda para camuflar rostos. Penteados e maquiagens disfarçam características faciais fundamentais, confundindo os algoritmos de reconhecimento. Harvey contraria a tendência à militarização dos espaços públicos por meio da tecnologia. Ao se apropriar dos parâmetros de dispositivos de segurança, ele cria moda e leva essa camuflagem às ruas como uma afirmação de estilo.

No futuro, nossa vida provavelmente será mais limitada por nossos dados do que por nossa aparência física. Nossa avaliação de crédito, histórico médico, visão política ou antecedentes criminais já influenciam nossas chances de conseguir um emprego, um plano de saúde ou um empréstimo ou ainda a oportunidade de comprar uma casa. Já não mais o preconceito das pessoas, mas a discriminação de nossos dados é o novo desafio para a igualdade no design.

↓ CV Dazzle. Look nº 2 e Look nº 3. Adam Harvey, para a DIS Magazine (2010) Direção criativa de Lauren Boyle e Marco Roso. Modelos: Irina e Jude. Cabelo: Pia Vivas.

184 RECONHECIMENTO FACIAL

INFOGRAFISMO

NOTAS

INTRODUÇÃO

1 Dado de 2018, conforme pesquisa do Instituto de Estatística da Unesco. Disponível em: data.uis.unesco.org.

2 De acordo com a "Pesquisa de orçamentos familiares" de 2017–18 publicada pelo IBGE, o brasileiro gasta em média 2,6% de seu orçamento com cultura, o que inclui despesas com livros, cinema, música, teatro, exposições etc. Assim, para uma pessoa comprar este livro, ela precisaria ganhar por volta de R$ 2745,00 mensais. Um valor que, de acordo com os dados da "Pesquisa nacional por amostra de domicílios" (Pnad), apenas 15% da população ganha. Para uma noção mais aprofundada da desigualdade, ver nexojornal.com.br/interativo/2016/01/11/O-seu-salário-diante-da-realidade-brasileira. [N. E.]

3 De acordo com a pesquisa do Banco Mundial, "Individuals using the Internet (% of population)". Disponível em: data.worldbank.org.

4 Tony Fry, "Book review: The Archeworks Papers". *Design Issues*, n. 3, v. 23. Cambridge: MIT Press, 2007, p. 88.

5 Marita Sturken e Lisa Cartwright, *Practices of Looking: An Introduction to Visual Culture*. Oxford: Oxford University Press, 2001, p. 21.

LINGUAGEM E TIPOGRAFIA

1 Russ Rymer, "Vanishing Languages". *National Geographic*, jul. 2012. Disponível em: ngm.nationalgeographic.com/2012/07/vanishing-languages/rymer-text.

2 Joseph Brodsky, *On Grief and Reason: Essays*. New York: Farrar, Strauss and Giroux, 1995.

3 Michael Handelzalts, "In the Beginning: The Origins of the Hebrew Alphabet". *Haaretz*, 4 ago. 2013. Disponível em: haaretz.com/jewish/.premium-1.539683.

4 Slavs and Tatars, *Kidnapping Mountains*. London: Book Works, 2009, pp. 47–50.

5 Ken Lunde, *CJKV Information Processing: Chinese, Japanese, Korean & Vietnamese Computing*. Sebastopol: O'Reilly Media, 2008.

6 David A. Ricks, *Blunders in International Business*. Oxford: Blackwell, 1993, pp. 37–38.

7 Yuqi Huang, "Simplified Chinese 'Family can't see', 'Love has no heart'? Mainlander: Why not 'party without darkness', 'Team has talent'". *SETN News Net*, 2014.

8 Edgar A. Gregersen, *Language in Africa: An Introductory Survey*. London: Routledge, 1977, p. 176.

9 Ima-Abasi Okon, "Sharing the Wealth of Contemporary Africana". *IDPure*, n. 31, 2013.

10 Ibid.

11 Randa Abdel Baki, "Bilingual Design Layout Systems: Cases from Beirut". *Visible Language*, n. 1, v. 47, 2013, pp. 38–65.

12 Ibid.

13 Entrevista com Pascal Zoghbi realizada por Huda Smitshuijzen AbiFarès. Disponível em: khtt.net.

14 Entrevista com Pascal Zoghbi realizada por Lebanon Art Magazine. Disponível em: lebrecord.com.

15 Disponível em: 29lt.com/product/29lt-zeyn.

16 Com base no guia de Pascal Zoghbi de 2009. Disponível em: blog.29lt.com/2014/09/15/29lt-zeyn-a-graceful-multilingual-typeface/.

17 Robert Bringhurst, *Elementos do estilo tipográfico*, trad. André Stolarski. São Paulo: Ubu Editora, 2018, p. 197.

18 Charles Bigelow e Kris Holmes, *Typeface Design & Research*, 1 jul. 2015. Disponível em: bigelowandholmes.typepad.com/bigelow-holmes/2015/07/. O termo "white letter" se contrapõe ao termo "blackletter".

19 Jan Tschichold, *The New Typography*. Berkeley: University of California Press, 1998, pp. 74–75.

20 Judith Schalansky, "Hitler Mochte Futura". *Freitag*, 1 jun. 2007.

21 Boletim de notícias do NSDAP, assinado por Martin Bormann, Munique, 1941.

22 J. Schalansky, "Hitler Mochte Futura", op. cit.

NOTAS

3 Rob Giampietro, "New Black Face: Neuland and Lithos as Stereotypography". *Letter-space*, 2004.
4 Paul Shaw, "Stereo Types". *Print Mag*, 7 jun. 2009. Disponível em: printmag. com/article/stereo_types.
5 Ibid.
6 Ibid.
7 John M. Glionna e Abigail Goldman, "Answering Protests, Retailer to Pull Line of T-shirts That Mock Asians". *LA Times*, 9 abr. 2002. Disponível em: articles.latimes.com/2002/apr/19/local/me-shirt19.
8 Referência aos tipos esculpidos em madeira, que substituíram os tipos de chumbo nos corpos grandes. [N. E.]
9 R. Giampietro, "New Black Face: Neuland and Lithos as Stereotypography", op. cit.
10 Ibid.
11 Ibid.
12 Max Bruinsma, "René Knip de Letterbouwer". *Addmagazine*, mar. 2006.
13 Ibid.
14 René Knip, "Wandering Through the 2.5 dimension", *TYPO San Francisco*, 2014.
15 Alice Rawsthorn, "A Symbol Is Born". *The New York Times*, 3 jun. 2012.
16 Thomas Widdershoven, "Crouwel en onderkast". *Opening overzichtsstentoonstelling Wim Crouwel*, Stedelijk Museum, 9 set. 2011.
17 A. Rawsthorn, "A Symbol Is Born", op. cit.
18 J. Tschichold, *The New Typography*. Berkeley: University of California Press, 1998, pp. 74–75.
19 Heather William, "Bell Hooks Speaks Up". *The Sandspur*, 2 out. 2006.
20 R. Bringhurst, *Elementos do estilo tipográfico*, op. cit, p. 58.
41 Edward Mendelson, "The Human Face of Type". *The New York Review of Books*, 2011.
42 Michael Bierut, *Seventy-nine Short Essays on Design*. New York: Princeton Architectural Press, 2007, p. 64.
43 Katherine McCoy, "Good Citizenship", in *Citizen Design*. New York: Allworth Press, 2003, pp. 25–28.

44 *If We're Standing on the Shoulders of Giants, What are We Reaching For* (*Emigré*, n. 65). New York: Princeton Architectural Press, 2003.
45 E. Mendelson. "The Human Face of Type", op. cit.
46 "If We're Standing on the Shoulders of Giants…", op. cit.
47 Robert Glancy, "Will You Read This Article About Terms and Conditions? You Really Should Do". *The Guardian*, 24 abr. 2014. Disponível em: theguardian.com/commentisfree/2014/apr/24/terms-and-conditions-online-small-print-information.
48 Paul Temporal, *Islamic Branding and Marketing: Creating a Global Islamic Business*. Hoboken: John Wiley & Sons, 2011.
49 Louise Jury, "Nike to trash trainers that offended Islam". *The Independent*, 25 jun. 1997. Disponível em: independent. co.uk/news/nike-to-trash-trainers-that-offended-islam-1257776.html.
50 Muitos dos domínios aqui listados já saíram do ar, mas alguns continuam online. O inusitado desses endereços é que eles permitem mais de uma leitura, assim, a empresa de canetas Pen Island [ilha das canetas] transforma-se em *penis land* [terra do pênis], a marca de roupas Childrens Wear [roupa das crianças] transforma-se em *children swear* [criança xinga] e assim por diante. [N. E.]

COR E CONTRASTE

1 Guity Novin, "A History of Color, Color Wheel, and Psychological Impact of Color". *A History of Graphic Design*, jun. 2014. Disponível em: guity-novin. blogspot.nl/2014/07/chapter-70-history--of-color-color-wheel.html.
2 Linda Holtzschue, *Understanding Color*. Hoboken: John Wiley & Sons, 2011.
3 John Gage, *Color and Meaning: Art, Science, and Symbolism*. Berkeley: University of California Press, 1999, pp. 106–07.
4 Ibid.
5 Ibid., p. 30.

6 "U.S. Changes Color of Food Aid". *CNN*, 1 nov. 2001. Disponível em: edition.cnn.com/2001/US/11/01/ret.afghan.food-drops.

7 Johann Wolfgang von Goethe, *Doutrina das cores* [1810], trad. Marco Gionnotti. São Paulo: Nova Alexandria, 2013.

8 John Gage, *Color and Meaning*, op. cit., p. 31.

9 Tessa Fiorini Cohen, "The Power of Drug Color". *The Atlantic*, 13 out. 2014. Disponível em: theatlantic.com/health/archive/2014/10/the-power-of-drug-color/381156.

10 L. Holtzschue, *Understanding Color*. op. cit.

11 Ibid.

12 Thomas J. Madden, Kelly Hewett e Martin S. Roth conduziram um estudo para identificar preferências, similaridades, diferenças e significados de cores, a fim de ajudar empresas do mundo todo a escolher cores que melhor se encaixavam em suas imagens corporativas. As oito localizações geográficas do estudo formam um grande escopo cultural: Austrália, Brasil, Canadá, Colômbia, Hong Kong, China, Taiwan e Estados Unidos. O estudo tem como foco cores primárias usadas em pesquisas anteriores. Em termos de preferência, o azul foi a cor preferida pelos entrevistados de cinco dos oito países, e ficou em segundo lugar nos demais lugares. Ver Thomas J. Madden, Kelly Hewett e Martin S. Roth, "Managing Images in Different Cultures: A Cross-National Study of Color Meanings and Preferences". *Journal of International Marketing*, n. 4, v. 8, dez. 2000, pp. 90–107.

13 Marie Byrne, "Culture & Communications: Similarities of Color Meanings Among Diverse Cultures". *The Journal of Global Issues & Solutions*. BWW Society, 2003.

14 Robert Hill, *The Marcus Garvey and Universal Negro Improvement Papers*, v. 2. Berkeley: University of California Press, 1983.

15 Jeanne Maglaty, "When Did Girls Start Wearing Pink?". *Smithsonian Magazine*, 7 abr. 2011. Disponível em: smithsonian-mag.com/arts-culture/when-did-girls-start-wearing-pink-1370097.

16 May Ling Halim e Diane Ruble, "Gender Identity and Stereotyping in Early and Middle Childhood". *Handbook of Gender Research in Psychology*. New York: Springer, 2010, pp. 495–525.

17 Martin Luther King Jr. Discurso de 3 de abril de 1968.

18 Richard Dyer, *White*. London: Routledge, 1997.

19 Eirik Frisvold Hanssen, "Early Discourses on Colour and Cinema". *Stockholm Cinema Studies*. Stockholm: Almqvist & Wiksell, 2006.

20 Rachel Elfassy Bitoun, "A History of Colour: The Difficult Transition from Black and White Cinematography". *The Artifice*, 21 abr. 2015. Disponível em: the-artifice.com/history-of-colour-film.

21 Texto do artista extraído de yazankha-lili.com/index.php/project/colour-correction---camp-series.

22 Ryan Hunter e Taige Jensen, "Coloring For Grown-ups". *The Huffington Post* 7 dez. 2012. Disponível em: huffpost.com/entry/coloring-grown-ups_b_2251177.

23 Mandalit Del Barco, "How Kodak's Shirley Cards Set Photography's Skin-Tone Standard". *NPR*, 13 nov. 2014. Disponível em: npr.org/2014/11/13/363517842/for-decades-kodak-s-shirley-cards-set-photography-s-skin-tone-standard.

24 David Smith, "'Racism' of Early Colour Photography Explored in Art Exhibition". *The Guardian*, 25 jan. 2013. Disponível em: theguardian.com/artanddesign/2013/jan/25/racism-colour-photography-exhibition. Ver também Lorna Roth, "Questão de pele". Revista *Zum*, n. 10, 23 jun. 2016. Disponível em: revistazum.com.br/revista-zum-10/questao-de-pele/. [N. E.]

25 Sean O'Toole, *Yes, But (Some Thoughts on Broomberg and Chanarin's New Work)*. Toronto: Gallery TPW, 2013. Disponível em: gallerytpw.ca/rd/yes-but/.

26 D. Smith, op. cit.

27 Rafael C. Gonzalez e Richard E. Woods, *Digital Image Processing Second Edition*. New Jersey: Prentice Hall, 2002.

28 Brian Merchant, "Lenna, The First Lady of The Internet". *Motherboard*, 20 ago. 2012. Disponível em: motherboard.

NOTAS 189

...ice.com/read/meet-lenna-the-first-la-...ly-of-the-internet-2.

MAGEM E FOTOGRAFIA

1 Samual Edgerton, "Perspective". *Encyclopedia.com*. Farmington Hills: The Gale Group, 2005. Disponível em: encyclopedia.com/topic/perspective.aspx.
2 Norman Bryson, "The Gaze in the Expanded Field". *Vision and Visuality*, n. 103. Seattle: Bay Press, 1988.
3 W. Hudson, "Pictorial Depth Perception in Sub-Cultural Groups in Africa". *Journal of Social Psychology*, n. 52, 1960, pp. 183–208.
4 *Literacy for Life: EFA Global Monitoring Report*. Unesco, 2005, p. 192.
5 Kent A. Ono, "Reflections on Problematizing 'Nation' in Intercultural Communication Research". *The Handbook of Critical Intercultural Communication*. Hoboken: Wiley-Blackwell, 2010, p. 90.
6 Geert H. Hofstede, *Cultures and Organizations: Software of the Mind*. London: McGraw-Hill, 1991, p. 411.
7 "Dienst Maatschappelijke Ontwikkeling afdeling communicatie". *Inburgeringscampagne bureaustandaard*. Amsterdam: Gemeente Amsterdam, 2007.
8 Na Holanda, há uma controvérsia quanto ao conceito de *inburgeren*. É um programa do governo apresentado como uma maneira liberal de obediência civil, mas funciona como assimilação cultural forçada. Assim, acaba criando divisões de classe entre os cidadãos.
9 Da oficina "Multiplicidade", organizada por BNO & Design2Context, liderada por Feliz Janssen e Evert Ypma e apoiada por Lava Design. Amsterdam, 2008.
10 Anne Bush, "Beyond Pro Bono". *Citizen Design*, pp. 25–28. New York: Allworth Press, 2003.
11 Entrevista com Merel van der Woude, Butterfly Works. Amsterdã, 25 set. 2015.
12 Hany Farid, *Digital Image Forensics*. Hanover: Dartmouth College, 2012.
13 Ben Quinn, "Ikea Apologises over Removal of Women from Saudi Arabia Catalogue". *The Guardian*, 2 out. 2012.

Disponível em: theguardian.com/world/2012/oct/02/ikea-apologises-removing-women-saudiarabia-catalogue.
14 Metropolitan Museum of Art Online Collection. Número de acesso: 2011.368. Disponível em: metmuseum.org/collection/the-collection-online/search/296344.
15 John Berger, *Modos de ver*, trad. Lucia Olinto. Rio de Janeiro: Rocco, 1999, pp. 39–41, 47.
16 Ibid.
17 Nina Bahadur, "Dove 'Real Beauty' Campaign Turns 10". *Huffington Post*, 21 jan. 2014. Disponível em: huffingtonpost.com/2014/01/21/dove-real-beauty-campaign-turns-10_n_4575940.html.
18 Austin Considine, "Invasion of the Head Snatchers". *New York Times*, 16 dez. 2011. Disponível em: nytimes.com/2011/12/18/fashion/hm-puts-real-heads-on-digital-bodies.html.
19 Douglas Reyes, "Media and Advertisement: The Power of Persuasion". *Culture & Media*, Rutgers University Arts, 2014. Disponível em: imageryandculturespring2014.wordpress.com/2014/03/13/media-and-advertisement-the-power-of-persuasion.
20 N. Bahadur, op. cit.
21 Robert B. Lull e Brad J. Bushman, "Do Sex and Violence Sell?". *Psychological Bulletin*, n. 5, v. 141, set. 2015, pp. 1022–48.
22 Disponível em: goldmansachs.com/who-we-are/diversity-and-inclusion/index.html.
23 Kate McCormick, "The Evolution of Workplace Diversity". *State Bar of Texas*, 2007.
24 Nancy Leong, "Fake Diversity and Racial Capitalism", *Medium*, 24 nov. 2014. Disponível em: medium.com/@nancyleong/racial-photoshop-and-faking-diversity-b880e7bc5e7a.
25 Robert Young, *Postcolonialism*. Oxford: Oxford University Press, 2003, pp. 2–3.
26 Marita Sturken e Lisa Cartwright, *Practices of Looking: An Introduction to Visual Culture*. Oxford: Oxford University Press, 2001, p. 322.

NOTAS

27 Charles Egerton Osgood et al., *Cross-cultural Universals of Affective Meaning.* Champaign: University of Illinois Press, 1975, p. 8.

28 Celia Hartmann, "Edward Steichen Archive: The 55th Anniversary of The Family of Man", 17 nov. 2010. Disponível em: moma.org/explore/inside_out/2010/11/17/edward-steichen-archive-the-55th-anniversary-of-the-family-of-man/.

29 Allan Sekula, "The Traffic in Photographs". *Art Journal*, n. 1, v. 41, 1981, p. 20–21.

30 Eva Cockcroft, "Abstract Expressionism, Weapon of the Cold War". *Pollock and After: The Critical Debate.* New York: Harper & Row, 1985, p. 125.

31 Ibid.

32 Adrienne Keene, "Urban Outfitters is Obsessed with Navajos". *Native Appropriations*, 23 set. 2011. Disponível em: nativeappropriations.com/2011/09/urban-outfitters-is-obsessed-with-navajos.

33 Jaimee Rose, "Neo-Navajo Fashion: Trend or Tradition?". *The Arizona Republic*, 25 set. 2011. Disponível em: indianz.com/News/2011/09/26/living-asking-navajos-about-th.asp.

34 Texto de Johannes König. Disponível em: www.behance.net/gallery/4661685/Mestizo-Volcano-Type.

SÍMBOLOS E ÍCONES

1 Otto Neurath, *International Picture Language: The First Rules of Isotype.* London: Kegan Paul / Trench, Trubner & Co., 1936.

2 Adrian Frutiger, *Sinais e símbolos: desenho, projeto e significado*, trad. Karina Jannini. São Paulo: Martins Fontes, 2012, p. 191.

3 Ibid.

4 Kathryn Westcott, "World's Best-known Protest Symbol Turns 50". *BBC News*, 20 mar. 2008. Disponível em: news.bbc.co.uk/2/hi/uk_news/magazine/7292252.stm.

5 Steven Heller, "The Magic of the Peace Symbol." *The Design Observer*, 24 mar. 2008. Disponível em: designobserver.com/feature/the-magic-of-the-peace-symbol/6707.

6 A. Frutiger, op. cit., pp. 25, 95.

7 Robert J. Finkel, "History of the Arrow" *American Printing History Association*, 1 abr. 2015. Disponível em: printinghistory.org/arrow.

8 E. Lupton e J. Abbott Miller, *Design, escrita, pesquisa: A escrita no design gráfico*, trad. Mariana Bandarra. Porto Alegre: Bookman, 2011.

9 Andreas Fugelsang, *About Understanding.* Uppsala: Dag Hammarskjöld Foundation, 1982.

10 Organização Mundial da Saúde. *Fact Sheet*, n. 532, dez. 2015.

11 Kate Ellis e Gerard Goggin, *Disability and the Media.* London: Palgrave, 2015, pp. 5–7.

12 Ibid.

13 Disponível em: accessibleicon.org.

14 Pedro Bessa, "Skittish Skirts and Scanty Silhouettes. The Tribulations of Gender in Modern Signage". *Visible Languages*, v. 42, n. 2, 2008, pp. 119–42.

15 Charles Trueheart, "Sign Language: At Their Best, Pictograms Tell Us Clearly Where to Go and What to Do; At Their Worst, Things Can Get Interesting". *American Scholar*, v. 77, n. 1, 2008, p. 18.

16 P. Bessa, op. cit.

17 Caitlin Winner, "How We Changed the Facebook Friends Icon – Facebook Design". *Medium*, 7 jul. 2015. Disponível em: medium.com/facebook-design/how-we-changed-the-facebook-friends-icon-dc8526ea9ea8.

18 Roman Mars, "Designing a Nuclear Warning Symbol That Will Still Make Sense in 10,000 Years". *Slate*, 14 maio 2014. Disponível em: slate.com/blogs/the_eye/2014/05/14/_99_percent_invisible_by_roman_mars_designing_warning_symbols_for_the_nation.html.

19 Steve Wagner, "Introduction to WIPP Passive Institutional Controls". Trabalho apresentado em Sandia National Laboratories, New Mexico, 27 fev. 2012.

20 Ibid.

21 Nato Thompson, "The Last Pictures: Interview with Trevor Paglen". *E-flux*, 2012. Disponível em: e-flux.com/jour-

NOTAS

nal/37/61238/the-last-pictures-interview-with-trevor-paglen/.

22 A iniciativa, fundada em 2012 e denominada The One Earth Message [A mensagem da Terra], acabou não recebendo apoio da Nasa. Em seu lugar, foram enviados dois CDs com fotos da equipe e de fãs da missão, além de objetos como selos, moedas e uma bandeira americanas, junto das cinzas do astronauta Clyde Tombaugh. Como Lomberg comenta em "Ashes and Small Change", uma coleção de objetos que representa uma única nação e que antecipa o Trumpismo que tomou conta do horizonte político. Disponível em: slate.com/technology/2018/12/new-horizons-solar-system-message-aliens-extraterrestrials.html. [N. E.]

23 Trevor Paglen, "'Friends of Space, How Are You All? Have You Eaten Yet?' Or, Why Talk to Aliens Even If We Can't". *Afterall Journal*, n. 32, 2013. Disponível em: afterall.org/journal/issue.32/friends-of-space-how-are-you-all-have-you-eaten-yet-or-why-talk-to-aliens-even-if-we-can-t.

24 Unesco Institute of Statistics. "Alfabetização de jovens e adultos". *Fact Sheet*, n. 32, set. 2015.

25 "Making Their Mark". *The Economist*, 5 abr. 2014. Disponível em: economist. com/international/2014/04/05/making-their-mark.

26 Ibid.

27 Frud Bezhan, "Will The Next Afghan President Be A Pen, Radio, Or Bulldozer?". *RadioFreeEurope/RadioLiberty*, 23 out. 2013. Disponível em: rferl.org/content/afghan-voting-symbols/25146119.html.

28 Marc Tracy, "The Most Offensive Team Names in Sports: A Definitive Ranking". *The New Republic*, 9 out. 2013. newrepublic.com/article/115106/ranking-racist-sports-team- mascots-names-and-logos.

29 C. Richard King, *The Native American Mascot Controversy*. Lanham: Bowman & Littlefield, 2010, p. 9.

30 Hayley Munguia, "The 2,128 Native American Mascots People Aren't Talking About". *FiveThirtyEight*, 5 set. 2014. Disponível em: fivethirtyeight.com/features/ the-2128-native-american-mascots-people-arent-talking-about.

INFOGRAFISMO

1 David Turnbull e Helen Watson, *Maps Are Territories: Science Is an Atlas*. Chicago: University of Chicago Press, 1993, p. 6.

2 Ibid., p. 8.

3 Ibid., p. 5.

4 "R. Buckminister Fuller's Dymaxion World". *Life Magazine*, 1 mar. 1943.

5 David Woodward e G. Malcolm Lewis, *The History of Cartography*. Chicago: University of Chicago Press, 1998, pp. 168–69.

6 Ben Finney, "Nautical Cartography and Traditional Navigation in Oceania". *The History of Cartography*. Chicago: University of Chicago Press, 1998, pp. 443–44.

7 David Yanofsky, "The Chart Tim Cook Doesn't Want You to See". *Quartz*, 10 set. 2013. Disponível em: qz.com/122921/the-chart-tim-cook-doesnt-want-you-to-see.

8 Russell Goldman, "Here's a list of 58 Gender Options for Facebook Users". *ABC News*, 13 fev. 2014. Disponível em: abcnews.go.com/blogs/headlines/2014/02/heres-a-list-of-58-gender-options-for-facebook-users.

9 Alvin R. Tilley, *The Measure of Man and Woman*. New York: Whitney Library of Design, 1993, p. 10.

10 Lennard J. Davis, "Bodies of Difference: Politics, Disability, and Representation". *Disability Studies: Enabling the Humanities*. New York: Modern Language Association of America, 2002, p. 100.

11 Marita Sturken e Lisa Cartwright, *Practices of Looking: An Introduction to Visual Culture*. Oxford: Oxford University Press, 2001, pp. 95–98.

12 Ibid.

RUBEN PATER é designer. Nasceu em Gouda, na Holanda, em 1977. Graduou-se em design gráfico na Akademie voor Kunst en Vormgeving, St. Joost, em Breda, nos Países Baixos, em 2000. Em 2012, finalizou seu mestrado no instituto Sandberg, em Amsterdã. Dá aulas na graduação e na pós-graduação da Royal Academy of Arts, em Haia. Sob o pseudônimo Untold Stories, Pater cria narrativas visuais que tratam de solidariedade, justiça e igualdade. Desde 2012 dá palestras e ministra workshops a respeito de design e política. O seu cartaz "Drone Survival Guide" (2013) chamou a atenção do público ao discutir a ação dos drones militares. Já teve seus trabalhos exibidos em exposições na Europa, em Tóquio e na Cidade do Cabo. Em 2018, Pater veio ao Brasil para palestrar no evento Encontrão Design Ativista em São Paulo, organizado pela Mídia ninja. Mantém o site untold-stories.net/.

© 2016 BIS Publishers and Ruben Pater. Ruben Pater has asserted his right under the Copyright, Design and Patent Act 1998, to be identified as the Author of this Work.

Edição brasileira © Ubu Editora

The original edition of this book was designed, produced and published in 2016 by BIS Publishers, Amsterdam under the title *The Politics of Design: A (Not So) Global Design Manual for Visual Communication.*

fontes
KEPLER, LE MONDE LIVRE e UNTITLED
papel
OFFSET 90 G/M²
impressão
PIFFER PRINT

UBU EDITORA
Largo do Arouche 161 sobreloja 2
01219 011 São Paulo SP
professor@ubueditora.com.br
ubueditora.com.br
/ubueditora

tradução
ANTÔNIO XERXENESKY
coordenação editorial
ELAINE RAMOS
assistentes editoriais
ISABELA SANCHES, JÚLIA KNAIPP
preparação
MARIA FERNANDA ALVARES
revisão
CLÁUDIA CANTARIN, RITA DE CÁSSIA SAM

adaptação do projeto
LIVIA TAKEMURA
produção gráfica
MARINA AMBRASAS

4ª reimpressão, 2025.

Dados Internacionais de Catalogação
 na Publicação (CIP)
Elaborado por Vagner Rodolfo da Silva
CRB-8/9410

Pater, Ruben [1977–]
Políticas do design / Ruben Pater; título
 original: *The Politics of Design*; traduzido
 por Antônio Xerxenesky.
São Paulo: Ubu Editora, 2020. 192 pp., 163 ils.
 ISBN: 978 85 7126 048 1

1. Design. 2. Ativismo 3. Políticas do design.
 I. Antônio Xerxenesky II. Título.

2020–354   CDD 745 CDU 7.05

Índice para catálogo sistemático:
 1. Design 745 / 2. Design 7.05

 Reino dos Países Baixos